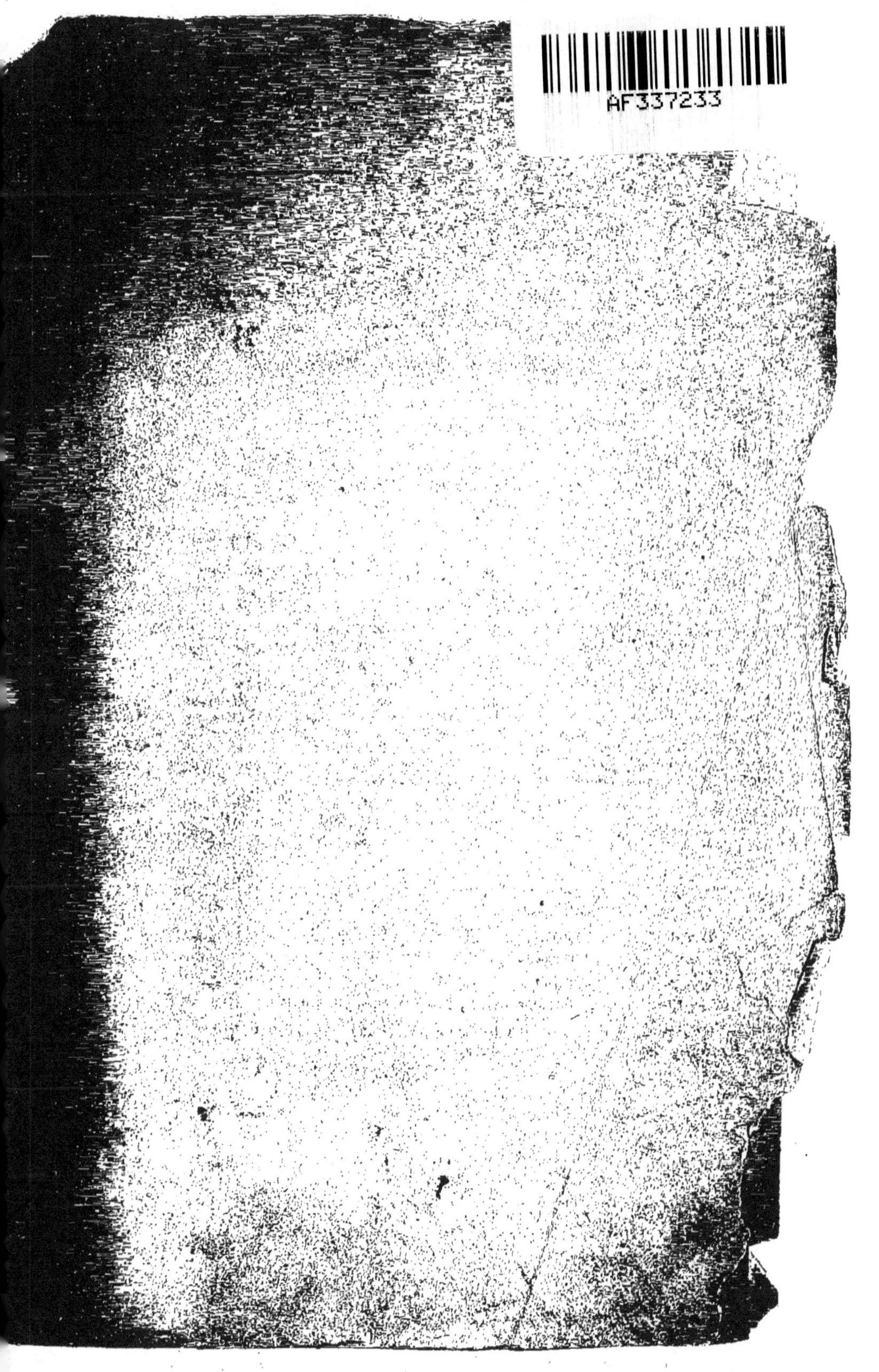
AF337233

ÉTUDES

SUR LE

COMMANDEMENT

VANNES. — IMPRIMERIE GUSTAVE DE LANARZELLE.

ÉTUDES

SUR LE

COMMANDEMENT

PAR

P.-L. MARTY

CAPITAINE AU 10e DRAGONS

 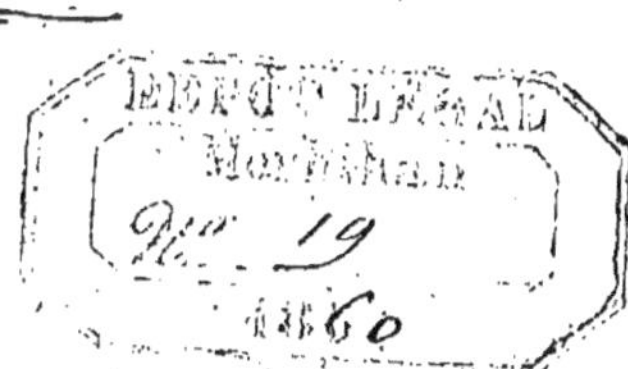

A PARIS

IMPRIMERIE ET LIBRAIRIE MILITAIRES DE BLOT, RUE DE RIVOLI, 58

A VANNES

A LA LIBRAIRIE DE LA MAISON DE LAMARZELLE.

A NAPOLÉONVILLE

CHEZ LEMAITRE, LIBRAIRE.

1860

[illegible]

[illegible]

[illegible]

[illegible]

PRÉFACE.

Ce livre, que nous publions aujourd'hui seulement, a été soumis à l'examen du Comité de la Cavalerie au mois de mai 1859.

Nous l'avons modifié dans sa forme, pour nous conformer, autant qu'il nous a été possible, à l'intention qui nous était manifestée.

Quant aux idées, qui ont été trouvées *justes et sérieuses,* nous les avons reproduites intégralement, *sans y rien ajouter.* Nous en avons pour garant le manuscrit original, qui est resté en dépôt au Ministère de la guerre.

Or, comme l'instruction provisoire à l'usage de la cavalerie, qui a été publiée au mois de janvier dernier, renferme quelques-uns des principes que nous avions développés précédemment dans notre livre — tels que certains aperçus sur l'instruction militaire en général, sur le peloton modèle et les exercices de corps — nous avions besoin de constater ces faits, pour ne pas encourir le grave reproche, en produisant une œuvre qui est *tout entière le fruit de notre travail*, de nous être approprié les idées d'autrui.

LIVRE IER

THÉORIE DU COMMANDEMENT.

CHAPITRE IER

DU COMMANDEMENT EN GÉNÉRAL

ET DE SES RAPPORTS AVEC LE CARACTÈRE FRANÇAIS

I

L'art de bien commander une troupe, constitue un talent de premier ordre ; mais il est aussi rare que difficile. S'il est inné chez quelques hommes, parmi lesquels Napoléon et César sont les types que nous donnons pour modèles, il faut avouer que c'est un privilége dont la nature se montre bien avare, puisque le plus grand nombre de ceux qui l'ont exercé, si on juge de leur aptitude en ce genre par le témoignage des faits, n'ont possédé, de cet art sublime, que des notions bien incomplètes et souvent erronées.

II

Il est pourtant bien avéré pour tout homme compétent, que la qualité d'une troupe dépend essentiellement de cette condition ; et quels que soient d'ailleurs les éléments qui la composent, on peut affirmer, *à priori*, qu'elle est toujours bonne ou toujours mauvaise, selon qu'elle est bien ou mal commandée : c'est-à-dire, en des termes plus formels, qu'avec de mauvais éléments, un chef habile et judicieux saura toujours faire d'excellents soldats ; tandis qu'avec des hommes doués des meilleures qualités pour la guerre, un chef inintelligent parviendra tout au plus à former des soldats médiocres.

« La nature, a dit l'empereur Léon dans » cette pensée, forme peu d'hommes braves

» et généreux; mais *l'habileté du général
» et ses soins* peuvent les rendre tels. »

Et Napoléon, de son côté, interprétant les
sentiments de la Nation à une époque désas-
treuse, a écrit ces paroles :

« Nous sommes nombreux, nous sommes
» braves et cependant nous sommes vaincus :
» il nous manque un chef pour nous diriger;
» il arrive, nos jours de gloire vont revenir ! »

III

Que si l'on veut, pour plus de certitude,
interroger l'histoire, on y trouvera la preuve
de cette vérité, établie sur des faits authen-
tiques et concluants , parmi lesquels nous
citerons, comme un des plus saillants en ce
genre, l'exemple des Achéens dans l'ancienne
Grèce : peuple efféminé, adonné au luxe, à
la mollesse , à tous les plaisirs sensuels, et
devenu un objet de mépris pour les nations
belliqueuses de cette contrée. Ce qui a fait

dire à Plutarque, en parlant des cavaliers, qui étaient cependant l'élite de la population : « Quand survenait une guerre, ils avaient » soin de se soustraire à la plupart des expé- » ditions, en envoyant d'autres hommes à » leur place; enfin, tous étaient d'une inex- » périence complète, jointe *au manque de* » *courage.* »

On sait pourtant que Philopœmen, devenu chef de cette race dégénérée, sut former de ces mêmes éléments les soldats les plus intré- pides, « avec lesquels, dit l'auteur précité, » il combattit contre les plus belliqueux des » Grecs, les Crétois et les Lacédémoniens, » et les vainquit. »

L'on peut ajouter que ce peuple, ainsi régénéré, parvint à se soustraire à la domi- nation de Rome, alors à l'apogée de la puis- sance et de la gloire. Mais après la mort de son illustre chef, qui fut le dernier Grec digne de mémoire, les Achéens subirent la loi commune, et leur célébrité dans les armes,

qui était l'œuvre exclusive du commandement,
cessa avec la cause qui l'avait produite.

IV

Nous allons examiner maintenant l'hypothèse contraire, qui consiste à démontrer,
également par des faits, toutes les conséquences funestes d'un mauvais commandement; et, pour cela, nous consulterons
l'histoire militaire du pays. Mais, pour la connaissance si utile à notre sujet, du caractère
national, nous avons besoin d'y jeter un
coup-d'œil d'ensemble, avant de résoudre,
par un exemple concluant, la question proposée.

V

Nous observons d'abord que cette histoire,
dès qu'elle parle des Français, les fait entrer
en scène les armes à la main, et nous les
montre toujours, au milieu des combats, avec

des alternatives heureuses ou malheureuses,
dont la cause principale, il faut se hâter de
le reconnaître, est généralement due au commandement, qui a été tantôt grand et fort par
l'intelligence et le caractère, et tantôt inhabile
et téméraire, ou pusillanime et sans dignité.
Mais nonobstant ses revers et leurs causes
fatales, la France ne s'est jamais démentie :
à l'inverse de la République achéenne, elle
a été, de tout temps, la terre classique de la
valeur. Depuis la Gaule antique, où, selon
l'expression de Chateaubriand « l'épée de
fer d'un Gaulois servit de contre-poids à
l'empire du monde » ses traditions de gloire
se sont perpétuées jusqu'à nos jours, et le
courage impétueux de ses guerriers, illustré
sur les plus mémorables champs de bataille,
est devenu célèbre chez tous les peuples du
monde. Aussi, n'est-ce pas en vain que
Napoléon Ier, s'inspirant de ces glorieuux souvenirs, disait un jour à son armée : « Je
» marcherai à votre tête, et l'Europe se

» souviendra que vous êtes de la race des
» braves. »

VI

Observons, toutefois, que parmi les phases
de notre histoire, la période du Moyen-Age,
avec ses chevaliers errants, leurs aventures
fantastiques et leurs folles prouesses, est
cependant, malgré son côté bizarre, l'époque
la plus héroïque par le courage individuel ;
et, à ce titre, nous devons la signaler tout
particulièrement, comme ayant donné le plus
grand relief au caractère national.

On sait, en effet, que la chevalerie, institution toute française, a rempli le monde du
bruit de ses exploits ; qu'elle a été magnanime sous les Paladins, et brave jusqu'à la folie ;
que sa brillante valeur a ressuscité parmi
nous les temps héroïques, et prouvé invinciblement, par des actions signalées, que jamais,
à aucune époque, chez aucun peuple de la

terre, on n'avait porté les armes avec plus d'honneur, de bravoure et de distinction.

VII

Toutes ces considérations, qui mettent en évidence le caractère national, nous donnent lieu de remarquer que le soldat français, par un effet du tempérament, est plus guerrier que militaire. Ce qui est une qualité précieuse, quand on sait en tirer parti; mais qui devient un grave défaut sous un mauvais commandement. Aussi, devons-nous attribuer à cette cause la plupart de nos revers; car, le soldat français, trop prodigue de sa valeur, est compromettant par sa vertu même, et a besoin, plus que tout autre, d'une main puissante et habile, qui sache maîtriser son ardeur, la diriger et l'employer avec discernement.

Quoi qu'il en soit, constatons, une fois de plus, que sa réputation n'a fait que grandir, même dans sa mauvaise fortune; et le mot de François Ier, à la sanglante journée de Pavie, comme celui de Cambronne, à Waterloo, expriment une même pensée d'héroïsme et d'honneur, qui a toujours eu son écho en France, dans les jours néfastes de notre histoire.

VIII

Osons avouer cependant qu'il existe, dans cette histoire, une page douloureuse, où il est avéré que l'honneur des armes françaises a été gravement compromis. Elle se rapporte à cette malheureuse expédition du Hanovre, en 1757 : expédition dont la honte et le ridicule ont fait toute la célébrité, et qui vivra comme une expiation dans la mémoire des hommes, pour flétrir à jamais le règne caduc de cette époque. D'ailleurs, elle remplit si bien les conditions de notre sujet, que nous allons essayer, en la choisissant pour exemple, d'en tirer une leçon utile pour l'avenir.

IX

Envisagée sous le rapport politique, cette expédition n'était qu'une faute ; mais, au point de vue militaire, c'était un crime et une infamie !

On sait, en effet, que des intrigues de cour et le crédit tout puissant d'une courtisane, avaient fait sacrifier l'armée à des généraux ineptes, sans caractère ni moralité, et qui n'avaient pas même le courage vulgaire du soldat. L'épée de la France était prostituée au libertinage, et devenait le prix d'une bassesse ou d'une faveur de boudoir. C'était pourtant cette vaillante épée qu'avaient portée naguère, avec tant d'éclat, les Turenne, Condé, Villars, Luxembourg ; mais son prestige avait disparu avec le caractère et le génie de ces grands capitaines, et l'armée française, couverte de honte et de ridicule, abreuvée d'humiliations, était devenue la risée de toute l'Europe, qui, jugeant de sa valeur par le témoignage des faits, l'avait placée, dans son estime, au niveau des soldats du Pape !

Ces faits, d'ailleurs, sont accablants pour sa réputation militaire, et il suffit, pour en juger, de rappeler la catastrophe de Rosbach, si justement flétrie par ces paroles de Napoléon Ier :

« Ce qui a été, dit-il, un sujet d'éton-
» nement et de honte, c'est qu'une armée de
» cinquante mille hommes ait été battue par
» six bataillons et trente escadrons. »

X

Pourtant, il faut se hâter de le dire, le soldat français de cette époque, ainsi que l'histoire en fait foi, n'était pas moins intré-pide que ses ancêtres. Il avait surtout le désir de venger son honneur si cruellement outragé ; mais une cause fatale, que nous devons expli-

quer pour réhabiliter sa mémoire, paralysait
cet élan généreux et neutralisait son courage.

C'étaient, d'une part, les intrigues scan-
daleuses de la cour, qui avaient des ramifications dans l'armée, et y semaient le désordre, la démoralisation, la licence.

Et, d'autre part, le privilége de la naissance, qui tenait lieu de capacité, de science,
de vertu, et donnait le moyen de tout obtenir,
sans qu'il fût besoin de rien mériter; en sorte
que les médiocrités occupaient, de plein droit,
dans tous les grades et les emplois, la place
du mérite. Et de là, l'ineptie du commandement, son impuissance et sa profonde immoralité; comme aussi, pour cette race dégénérée, la cause fatale de sa décadence.

Tel est du moins, sur cette grave question,
le jugement des contemporains; et parmi eux
le comte de Guibert, qui explique le fait en
remontant à son origine, s'est exprimé à cet
égard de la manière suivante :

« Pour mieux détruire la noblesse, dit-il,

» Richelieu la corrompt et la dégrade. . . .

» Il l'attire à la cour pour la faire dépendre

» du Souverain, par les grâces qu'elle sera

» réduite à mendier. . . . .

. . . .

» Les mœurs de la nation changent. La dégra-

» dation de la Noblesse entraîne l'esclavage

» du peuple. Le fardeau de cette Noblesse

» soudoyée et corrompue, retombe sur ce

» peuple gémissant, autrefois soutenu par

» elle. Il ne reste bientôt plus ni esprit na-

» tional, ni énergie, ni vertus, etc. »

XI

Ainsi donc, cette caste, qui avait eu jadis sa période de grandeur et de célébrité, alors que, sous l'armure des anciens preux, elle portait une âme forte et un cœur magnanime, marchait à grands pas vers sa décadence, depuis le jour où cette armure de fer avait fait place à la livrée du courtisan.

XII

Il faut, d'ailleurs, considérer qu'à cette époque de rénovation sociale, elle avait à lutter tout à la fois : d'abord, contre la philosophie, qui l'attaquait dans son principe ; en second lieu, contre l'histoire, qui dévoilait son origine, ses turpitudes et sa profonde incapacité ; et puis enfin contre la corruption, principe dissolvant qui décompose sans cesse, dans l'ordre moral comme dans l'ordre physique, tous les vieux éléments qui ont perdu leur vitalité.

XIII

Mais à côté de cette race déchue, il y avait un peuple héroïque : celui-là même qui devait accomplir l'œuvre immortelle de 1789 ; ce qui prouve suffisamment qu'il possédait déjà tous les éléments de sa grandeur future ; aussi, dans la conscience de son courage et de sa force, devait-il voir avec indignation l'outrage fait à son honneur. Or, si l'on observe que le soldat de cette époque était lui-même enfant du peuple, on comprendra que l'Armée, dont il formait l'élément principal, dût partager les sentiments de la Nation.

XIV

Un intéressant épisode de la bataille de Rosbach, que nous allons rapporter sous forme de conclusion, en est un témoignage irrécusable.

Dans cette journée si tristement célèbre, un grenadier français, après la retraite de l'armée, se défendait seul contre huit cavaliers prussiens et refusait obstinément de se rendre. Le roi de Prusse, qui parcourait le champ de bataille, fut transporté d'admiration par cette belle conduite; il fit cesser le combat, et, s'adressant au héros français;

« Tu te crois donc invincible? » lui dit-il.
— « Je le serais, Sire, répartit fièrement
celui-ci, si vous étiez mon général! »

Cette réponse, si éloquente dans sa simplicité, est le cri de la conscience, sorti avec
indignation de la poitrine d'un brave soldat,
qui proteste, au nom de l'armée, contre les
humiliations qu'on lui a fait subir. Car, enfin,
d'après ce que nous avons dit du caractère
national, faut-il bien reconnaître, une fois de
plus, que la conduite si peu militaire de cette
armée est un effet de sa démoralisation, et
que celle-ci est l'œuvre exclusive du commandement, dont la faiblesse et l'incurie se
révèlent dans tous ses actes.

XV

Que si l'on veut en acquérir une dernière
et plus forte preuve, il suffira de se rappeler
que les armées de la République et de l'Empire étaient formées des mêmes éléments que

celle de Louis XV : il n'y avait de différence réelle que dans le commandement ; et l'on sait tous les prodiges de valeur qui les ont illustrées dans cette immortelle période de vingt-trois ans. L'armée prussienne a éprouvé, la première, tout ce qu'on peut attendre d'une armée française bien commandée : à Valmy, elle a reculé, frappée de stupeur, devant les fils des vaincus de Rosbach ; et quelques années plus tard, dans les champs d'Iéna et d'Auerstaedt, l'épreuve s'est encore renouvelée ; mais, cette fois, elle a été décisive : la Prusse avait cessé d'exister !

XVI

Ainsi donc, en raisonnant d'après les données qui précèdent, les principes que nous avions énoncés sur cette question, en entrant en matière, subsistent désormais comme des vérités acquises, et, pour conclure sur ce point, nous en déduisons ces deux conséquences :

1° *Qu'une troupe n'est bonne qu'autant qu'elle est bien commandée;*

2° *Que la qualité d'une troupe donne la mesure du talent de son chef et de son aptitude au commandement.*

XVII

Ces principes reçus, on admettra, sans difficulté, que le commandement est une des parties les plus essentielles de la science militaire; car, il ne suffit pas de concevoir pour atteindre à la guerre un but déterminé : il faut encore savoir mettre en jeu, dans les meilleures conditions de succès, les agents qui exécutent; et si l'on ne possédait pas le moyen d'utiliser les forces agissantes, les plus savantes combinaisons de stratégie et de tactique resteraient sans effet.

Or, nous entendons par utiliser les forces,

savoir d'abord les produire au maximum, et
les diriger ensuite dans le sens et de la manière
la plus favorable à leur action. Et nous pensons que l'obéissance *active* et *spontanée*
peut seule donner ce résultat, parce qu'elle
est due à la passion, qui développe sa plus
grande énergie, et que toutes les volontés,
mues par une même pensée, agissent alors
de concert pour atteindre le même but. Mais,
pour obtenir cette obéissance, il faut d'abord
posséder, à forte dose, cette puissance com-
municative qui enchaîne les esprits et la
vertu électrique qui les enflamme. Il faut
de plus savoir inspirer à ses hommes une profonde estime, une confiance illimitée, une
affection enthousiaste; ce qui entraîne, pour
un chef, l'obligation rigoureuse d'observer
tous les devoirs du commandement, parmi
lesquels, et en première ligne, nous plaçons
LA JUSTICE! loi souveraine dans tous les
temps et chez tous les peuples, qu'un roi de
Sparte appelait la première des vertus, et qu'il

regardait comme une mesure royale, sur laquelle se doit mesurer la grandeur.

XVIII

Donc, enfin, d'après toutes ces considérations qui font ressortir, et l'importance du commandement et la difficulté de l'exercer selon les règles de l'art, nous allons essayer d'en démontrer le mécanisme, et d'établir sur des données positives, accessibles à toutes les intelligences, des principes d'autorité conformes à la morale, à l'équité, et qui soient basés sur la raison et la dignité humaines.

CHAPITRE II

DÉFINITION DU COMMANDEMENT

——

I

Le commandement, pris dans un sens absolu, est l'exercice de l'autorité : il consiste,
en général, à disposer de la volonté d'autrui
pour l'exécution d'un ordre. Mais en consi-
dérant au seul point de vue militaire les obligations qui lui sont imposées, il faut entendre
préférablement par ce mot, cette action permanente du chef, qui a pour objet : de dis-
cipliner, instruire, moraliser une troupe,
veiller à son bien-être, lui inspirer le sen-

timent du devoir, celui du patriotisme, de
la gloire, de l'honneur, et la disposer; en un
mot, par l'habitude de la subordination et plus
encore par un élan spontané, à s'identifier
avec la volonté qui ordonne, et, sur le champ
de bataille comme en tout autre circonstance,
à l'exécuter avec promptitude, intelligence
et vigueur.

II

De toutes ces obligations, naissent les droits
et les devoirs du chef; et l'exercice de ces
derniers exige de sa part des connaissances
spéciales, qu'on ne possède pas toujours avec
le grade dont on est revêtu. Mais si le commandement est une science, il doit renfermer
des principes élémentaires qui constituent la
base de ces connaissances : principes qu'on
doit pouvoir acquérir de la même manière
qu'on apprend à lire ou à compter ; il ne
s'agit, pour nous, que de savoir les exposer
suivant la méthode la plus simple, afin de

rendre cette étude plus facile. Nous allons
donc commencer par résoudre cette question
fondamentale :

*Existe-t-il une science du commande-
ment?*

III

Pour répondre à une question de cette
nature, il faut se demander, préalablement,
quels sont les mobiles qui agissent dans le cœur
de l'homme, pour le déterminer à une action
quelconque qui soit dépendante de sa volonté.
Or, il est évident que ces mobiles sont les
passions diverses dont se compose tout son
système moral, qu'on est convenu d'appeler
le cœur humain. C'est par elles seules que la
volonté se manifeste, et que celle-ci, à son
tour, détermine l'action.

Mais puisque les passions, la volonté et
l'action procèdent l'une de l'autre, il s'ensuit que celle-ci augmente ou diminue,
selon que la volonté devient plus forte ou

plus faible, et que les passions ou agents moteurs, qui sont la cause déterminante, acquièrent ou perdent de leur intensité.

Ainsi, par exemple, si la cause première qui met les passions en jeu, parvient à développer toute leur énergie, il est certain que la volonté grandira dans le même rapport, que l'action atteindra sa plus haute puissance et produira dès lors son maximum d'effet.

IV

Donc, toute l'évolution de ce mécanisme est subordonnée à une cause première, représentée ici par le commandement, dont le rôle consiste, en effet, d'après la nature de ses attributions, à mettre tout le système en jeu, d'abord pour développer la totalité de ses forces et ensuite pour les utiliser : toutes choses qui exigent de sa part une connaissance parfaite des agents destinés à recevoir son action, ainsi que des moyens dont il fait usage pour en calculer les effets. Mais cette connaissance, qui est basée sur les lois de la mécanique, sur l'organisme humain et le jeu des passions, repose, par conséquent, sur des vérités acquises et fondées en principes, et constitue dès lors une science positive.

Nous disons donc, pour conclure, qu'il existe une science du commandement, dont la base essentielle est la connaissance du cœur humain.

CHAPITRE III

I

Le secret du commandement est une faculté naturelle ou acquise, qui donne, à celui qui la possède, le moyen de développer, dans une troupe, toute l'énergie des volontés individuelles, en les faisant converger vers le même but, de manière à les identifier avec la sienne propre pour n'en former qu'une seule ; en sorte que la volonté qui ordonne, acquière, par ce concours unanime, une force égale à elle-même, multipliée par le nombre de celles qui exécutent.

II

C'est ainsi que l'action physique , élevée à sa plus haute puissance , peut produire son maximum d'effet. Mais il faut se rappeler , pour agir en vue de ce résultat, que les passions sont les agents moteurs de la volonté ; que celle-ci, en se manifestant, détermine l'action physique , et que l'effet produit est la conséquence immédiate de cette action. D'où il résulte un enchaînement de causes et d'effets, qui dépendent tous du premier mobile, c'est-à-dire des passions, et dont , par conséquent, le degré de force ou la grandeur, se mesure à l'intensité de celles-ci .

Mais puisque telle est, sur la volonté, l'influence des passions , il faut en conclure qu'une troupe est d'autant plus brave, qu'elle est animée de passions plus fortes. Et de là cette conséquence logique , déduite par Helvétius , dans les termes suivants :

« Si les passions fortes, dit-il, telles que
» l'orgueil et le patriotisme chez les Grecs
» et les Romains, le fanatisme chez les
» Arabes, l'avarice chez les - flibustiers,
» enfantent toujours les guerriers les plus
» redoutables; tout homme qui ne mènera
» contre de pareils soldats que des hommes
» sans passions, n'opposera que de timides
» agneaux à la fureur des loups. »

Donc, nous inférons, de toutes les raisons
qui précèdent, que le secret du commandement réside dans les passions, et qu'il consiste à savoir les mettre en jeu pour les élever
au plus haut degré d'intensité, et développer,
par ce moyen, toute la puissance des forces
physiques.

III

Que si, nonobstant ces raisons, on veut
invoquer sur ce fait le témoignage de l'histoire, on remarquera que tous les généraux
célèbres, sont autant redevables de leurs

succès à l'usage qu'ils ont su faire des passions,
qu'à leur génie inspirateur. Et pour choisir
parmi tant d'illustrations une autorité de
premier ordre, nous citerons Napoléon, qui
a été le grand maître dans l'art de com--
mander, et cela précisément parce qu'il a su,
mieux que tout autre, employer ce puissant
mobile. Aussi, avait-il pour les natures im-
pressionnables, une préférence marquée ;
parce que l'expérience et sa haute raison lui
avaient appris, que si l'intelligence et la réflexion suffisent quelquefois pour produire le
grand, on ne peut jamais atteindre au sublime sans le concours des fortes passions. Il
pensait avec conviction ce que Vauvenargues
a si bien exprimé par ces paroles :

« Que si la passion conseille quelquefois
» plus hardiment que la réflexion, c'est
» qu'elle donne plus de force pour exécuter. »
Et, conséquent avec ce principe, lorsqu'on
lui parlait des soldats russes, dont il appréciait
d'ailleurs les qualités militaires, il ne leur

trouvait pas une âme assez chaleureuse pour
s'élever au niveau de sa taille, en s'identifiant
avec sa vaste pensée : « Il me faut à moi,
» disait-il, des soldats à proclamations ! »

IV

Il reste donc établi, par la spéculation et
par les données historiques, que le secret du
commandement réside, en grande partie, dans
le jeu des passions. Il faut, par conséquent,
pour arriver à le posséder, apprendre à connaître le cœur humain, qui est le siége de
celles-ci. Science bien difficile, il est vrai,
mais pourtant au nombre des choses possibles,
avec un peu de pénétration, et certainement
à la portée de l'officier, dont le titre seul,
dans le pays et dans le siècle des lumières,
doit être une garantie d'intelligence et de
savoir. Nous pensons d'ailleurs qu'on peut
toujours acquérir cette connaissance par l'é-
tude, l'observation des caractères, la réflexion,

en se servant, pour juger et apprécier, de cette faculté précieuse, qu'on appelle *bon sens*, et qu'on est bien en droit d'exiger, de celui qui a mission de penser pour les autres.

V

Il faut encore observer que le physique agit sur le moral d'une manière permanente et quelquefois irrésistible ; et, conséquemment, pour arriver plus sûrement à la connaissance de celui-ci, il faut examiner avec attention tous les signes extérieurs, comme, par exemple: le genre de tempérament et le jeu de la physionomie, les tendances qui se manifestent chez l'individu et les habitudes qu'il contracte, ses appétits sensuels, le climat qui l'a vu naître, son éducation, son langage, ses manières, ses relations, ses principes d'honneur et de moralité.

—

VI

Il faut aussi connaître ses antécédents et le
milieu dans lequel il a vécu ; car il est dans
la vie des circonstances indépendantes de la
volonté des hommes, qui dénaturent profondément leur caractère et les font paraître
quelquefois, lorsqu'on les juge sur de simples
apparences, tout autres qu'ils ne sont réellement. Ecoutons là-dessus ce que nous dit
La Bruyère :

« Tout est étranger dans l'humeur, les
» mœurs et les manières de la plupart des
» hommes. Tel a vécu toute sa vie chagrin,
» emporté, avare, rampant, soumis, labo-
» rieux, intéressé, qui était né gai, paisible,
» paresseux, magnifique, d'un courage fier
» et éloigné de toute bassesse : les besoins
» de la vie, la situation où l'on se trouve, la
» loi de la nécessité forcent la nature et y
» causent ces grands changements. Ainsi tel

» homme au fond et en lui-même ne se peut
» définir ; trop de choses qui sont hors de lui
» l'altèrent, le changent, le bouleversent ; il
» n'est point précisément ce qu'il est ou ce
» qu'il paraît être. »

C'est pourquoi nous insistons sur ce point, qu'il faut parvenir à force de sagacité, de constance et de sollicitude, à toucher une à une toutes les fibres du cœur humain comme les cordes d'un instrument, en observer la vibration, saisir sur l'ensemble des données recueillies le point saillant de chaque caractère, et seulement alors porter son diagnostic.

VII

Ces connaissances, une fois acquises, donnent à celui qui les possède un ascendant moral irrésistible, qui dispose les esprits à l'obéissance et au respect, et facilite par là l'action de l'autorité.

Elles offrent encore au commandement cet

avantage inappréciable, qu'ayant à agir sur des éléments connus, il peut calculer d'avance, avec précision, tous les effets qu'il veut produire ; ce qui est de conséquence, car dès lors qu'il s'agit de mettre les passions en jeu, si, après leur avoir donné carrière, on ne sait pas les utiliser, elles deviendront sûrement une cause de perturbation.

Il y a donc en ce point, un très-grave danger qu'il importe de prévenir pour tirer avantage de ce puissant mobile. Et pour résoudre la difficulté, il s'agit de déterminer le rapport exact qui doit exister, dans l'exercice du commandement, entre la partie morale ou intellectuelle et les agens physiques.

VIII

Or, la combinaison qui nous paraît la plus propre à atteindre ce but, est celle qui doit maintenir en parfait équilibre toutes les parties d'une troupe constituée ; de

telle sorte que pour produire un effort quelconque, l'action morale du chef qui doit seule
prédominer, déplace les forces physiques dans
le sens le plus favorable à l'action de tous ;
mais en ayant toujours soin de conserver
l'équilibre entre les différentes parties pour
les maintenir en parfait accord ; et pour répondre à ces divers objets, nous posons en
principe, *que chaque grade doit rester dans
ses attributions ;* ce qui est à nos yeux un
point capital, comme on va le voir par la
démonstration suivante :

Les attributions de chaque grade, sont en
effet calculées sur l'étendue des facultés humaines, et se partagent dans une juste pro-
portion, suivant le rang que chacun occupe
dans une troupe, entre la pensée qui conçoit
ou dirige, et l'action physique qui exécute.
Celle-ci, dans l'échelle hiérarchique, répond
à la base du système, et la pensée ou le commandement en occupe le sommet. Or, comme
les grades intermédiaires participent de l'une

et de l'autre, on conçoit que plus on s'éloigne du sommet pour se rapprocher de la base, plus on doit augmenter l'action physique, en diminuant au contraire, dans le même rapport, celle de la pensée ; et le même effet a lieu en sens inverse, si l'on remonte de la base au sommet.

D'où il suit, qu'en descendant l'échelle hiérarchique, l'action n'augmente dans chaque grade inférieur qu'au détriment de la pensée, et réciproquement.

IX

Ce principe étant admis en spéculation, nous disons maintenant pour en faire une application en déduisant ses conséquences logiques, que si le commandement cherchait à augmenter son action physique en empiétant sur les droits et les fonctions des subalternes, comme la puissance humaine a ses limites, et que d'ailleurs il se doit tout entier à son rôle de chef, dont l'étendue, comme nous l'avons dit, est calculée sur ce même principe ; il est évident qu'en se multipliant ainsi il ne pourrait plus suffire à sa double tâche, et la pensée dirigeante venant alors à s'affaiblir, l'équilibre serait rompu, l'harmonie et l'ensemble cesseraient d'exister, et l'on aurait produit le désordre avec toutes ses conséquences.

X

Donc il est de toute nécessité, pour l'action régulière et la plus grande puissance du commandement, que chaque grade soit maintenu dans ses attributions. Ce principe fondamental et la science du cœur humain, renferment à notre avis tout le secret du commandement.

Il ne nous reste qu'à expliquer son mécanisme et ses effets pour en compléter la théorie,

CHAPITRE IV

LE MÉCANISME DU COMMANDEMENT

I

Cette question est un corollaire, et, comme il a été dit, le complément nécessaire de la précédente. Elle a pour objet de faire connaître les divers éléments qui composent une troupe et le moyen de les mettre en action, en leur imprimant toute l'impulsion dont ils sont capables.

II

On remarquera à cet effet, qu'une troupe constituée représente la force intelligente, organisée en système suivant certaines lois, qui établissent entre les parties constitutives une corrélation intime ; de telle sorte, qu'elles s'engrènent l'une avec l'autre comme les rouages d'un mécanisme ; et de cette harmonie qui produit l'ensemble, résulte l'unité d'action qui centuple la force.

« Il en est d'une armée, dit en ce
» sens Démétrius de Phalère, comme d'un
» édifice : de même qu'un édifice est bon
» lorsqu'on a donné tous ses soins à ce que
» chaque partie soit bien conçue en détail,
» bien exécutée à la place qui lui convient,
» et *bien enchaînée à toutes les autres par-*
» *ties ;* de même, dans une armée, la vigueur
» de l'ensemble se compose de la vigueur et
» de l'instruction de chaque compagnie et
» de chaque soldat en particulier. »

III

Mais pour que cet accord existe et produise

dans l'action un ensemble si parfait, il est essentiel d'abord que toutes les parties soient mises en jeu ; et à cet effet, que la volonté du chef parvienne à la troupe en suivant la filière de tous les grades, afin qu'ils participent tous à son exécution, et que de plus ils puissent agir de concert pour se prêter un mutuel appui.

Tel est, en principe, le moyen de développer dans une troupe toutes les forces agissantes et de produire le maximum d'effet. Mais une vérité de si haute importance, qui laisse tant à désirer dans la pratique, a besoin d'être démontrée, et nous allons l'établir sur des preuves mathématiques.

IV

On peut concevoir en effet, quoique la force du commandement soit toute morale, que son mécanisme puisse être comparé à un levier du premier genre ; car nous avons déjà établi figurément, que la pensée dirigeante et l'action physique occupaient chacune une extrémité du système, et que les grades subalternes partageaient, en intermédiaires, la distance qui les sépare. Donc cette pensée qui est le commandement, peut être regardée comme la puissance du bras de levier, les grades subalternes comme le point d'appui, et la troupe, qui doit recevoir l'impulsion, comme la résistance à vaincre.

Or il est prouvé par les lois de la mécanique, que la puissance du bras de levier augmente ou diminue, selon qu'elle s'éloigne ou se rapproche du point d'appui. D'où il résulte, par analogie, que les mêmes effets doivent se produire dans l'exercice du commandement. Mais il faut entendre en disant que celui-ci, considéré comme puissance, se rapproche des points d'appui, qu'il vient substituer son action à celle des grades inférieurs ; qu'au lieu d'agir dans le mécanisme comme agent moteur et régulateur de toutes

ses parties, et de les faire fonctionner les unes
par les autres pour utiliser tous les efforts, il
les paralyse au contraire par son action personnelle ; de telle sorte qu'en annulant les
subalternes, il ne devient lui-même qu'un
simple rouage dans la machine.

V

Or, si l'on observe d'une part, que l'action
physique d'un seul ne peut suppléer, sans
désavantage, aux efforts combinés de plusieurs ; et d'autre part, que celui-là même
en sa qualité de chef, a pour mission de concevoir avant d'exécuter, et qu'il doit à cet
effet se partager entre la pensée et l'action,
il est bien plus évident qu'il ne pourra suffire
à sa double tâche. Et son insuffisance devient
encore plus manifeste, si on considère que les
appuis ou grades inférieurs, qu'il prétend
suppléer, sont d'autant plus nombreux qu'ils
approchent davantage de la troupe ; ce qui

s'explique par la nécessité de faire parvenir à tous les points de la circonférence, sans affaiblir son énergie, la volonté qui part du centre. Car il faut dire que l'effet de celle-ci est absolument semblable à celui des rayons lumineux, qui vont en divergeant et perdent de leur intensité à mesure qu'ils s'éloignent du foyer qui les a produits; tandis qu'au contraire ils sont projetés avec une nouvelle force, lorsqu'on a pu de nouveau, dans le trajet qu'ils ont à parcourir, les rassembler en foyer.

VI

Ainsi donc, par analogie et pour résumer tout à la fois les deux questions qui précèdent, nous disons que le commandement tomberait dans l'impuissance, s'il négligeait de s'appuyer sur les grades inférieurs :

1° Parce qu'il est démontré précédemment, qu'en voulant agir directement sur la troupe, il ne pourrait augmenter son action

physique qu'au détriment de la pensée dirigeante;

2° Que celle-ci, déjà affaiblie par cette
première cause, diminuerait encore d'intensité en se divisant à l'infini, pour s'appliquer
directement à chaque point de la résistance;

3° Que l'action physique elle-même étant
tout au plus égale à *un*, produirait un effet
sensiblement plus faible que l'action de *plusieurs*.

VII

Donc enfin, si l'on veut obtenir ce maximum
d'effet qui est le dernier terme du possible, il
faut, au lieu d'annihiler les grades subalternes, leur laisser au contraire, dans toute
leur sphère d'activité, une complète liberté
d'action, afin que la volonté du chef, qu'ils
ont mission de transmettre et de faire exécuter,
acquière par leur concours toute l'énergie
dont elle est capable; qu'au lieu de s'affaiblir en s'éloignant du centre, elle rencontre

dans chaque grade, comme la lumière dans
un foyer réflecteur, de nouveaux éléments de
force qui lui impriment un mouvement irrésistible, et la fassent rayonner pleine de vie,
jusqu'aux dernières ramifications du système.

VIII

Archimède qui, tranquillement assis sur
le rivage de la mer, soulève en se jouant un
énorme vaisseau par la seule force de son
bras de levier, peut donner une juste idée,
et du chef qui commande avec intelligence,
et de la puissance du commandement lorsqu'il
est bien exercé.

CHAPITRE V

DES EFFETS DU COMMANDEMENT

ET DE SES RAPPORTS AVEC LA STRATÉGIE ET LA TACTIQUE

I

Nous avons dit dans le chapitre premier, que le commandement avait pour objet de réaliser les combinaisons stratégiques et tactiques; ce qui suppose entre ces différentes parties de la science militaire une connexité indispensable. Nous allons dans le présent chapitre donner la preuve de cette assertion; et préalablement nous établirons par des chiffres, la différence qui peut exister dans les effets

3

du commandement, selon qu'on en a observé les principes, ou qu'on les a méconnus.

Nous énonçons dans les termes suivants la proposition qu'il s'agit de résoudre :

Un général a conçu le dessein d'enlever une position défendue militairement, et ses calculs lui démontrent qu'elle doit opposer une résistance égale à 25 ;

D'un autre côté, connaissant avec précision la valeur de ses troupes, il estime qu'elles sont capables de produire une force d'impulsion égale à 26.

D'après ces données, il conclut que le succès doit couronner son entreprise.

II

Au premier aperçu, l'opinion de ce général paraît sans réplique ; car nous admettons que les chiffres 25 et 26, représentent bien réellement la force de la position et celle de la troupe qui doit l'attaquer. Mais il ne suffit pas de posséder, pour atteindre le but, des éléments capables d'une force donnée : il faut de plus que cette force soit mise en jeu, et qu'une fois produite au maximum on sache encore l'utiliser ; toutes choses qui sont dans les attributions du commandement.

Donc, pour en apprécier l'importance à ce double point de vue, nous allons examiner séparément, dans la proposition énoncée ci-dessus, les trois cas qui peuvent se présenter.

III

1er Cas. Nous supposons premièrement que le chef de la troupe, par la connaissance profonde qu'il a du cœur humain et des ressorts qui le font agir, saura lui communiquer tout l'élan nécessaire pour en obtenir cet effort suprême évalué à 26. Nous admettons encore qu'il aura le talent et la puissance

voulus pour concentrer tous les efforts individuels, en former dans sa main un masse
compacte, qu'il lancera, sans en perdre un
atome, vers le but assigné. Il est certain que
dans ce cas, toutes les circonstances étant
favorables au succès de l'entreprise, le problème sera résolu conformément aux prévi-
sions du général.

IV

2ᵉ Cas. Nous disons en second lieu que, si
le chef de la troupe, après avoir développé
toutes les forces agissantes ne savait pas les
diriger, de manière à les faire agir de concert
pour obtenir l'unité d'action, il est évident
qu'elles seraient décomposées par la diver-
gence ou l'opposition des efforts individuels,
et qu'une certaine quantité n'aboutirait pas,
ou dépasserait le but, et serait, dans tous les
cas, dépensée en pure perte. Or, si cette

somme perdue était seulement plus grande
que l'unité, en la diminuant de 26 qui est le
chiffre maximum, ce chiffre ainsi réduit, serait
inférieur à la résistance, que nous avons
estimée à 25 ; ce qui rendrait le succès maté-
riellement impossible.

V

3ᵉ Cas. Si nous admettons enfin, comme dernière hypothèse, que le chef de cette troupe,
faute de savoir développer toute son énergie,
ne peut pas même élever l'attaque au niveau
de la défense, il est encore bien plus évident
que ses tentatives n'aboutiront pas, et qu'il
aura trompé, par son ignorance ou son défaut
d'aptitude, les combinaisons de son général.

VI

On voit par ce raisonnement, que pour se
promettre un succès à la guerre, il ne suffit

pas de savoir combiner un projet, ni d'établir
ses calculs sur la force connue d'une troupe ;
car cette force fut-elle plus considérable,
serait évidemment d'un médiocre effet, si on
ne savait pas l'utiliser.

Il faut par conséquent, dans toute combinaison militaire, faire entrer en ligne de
compte le mérite du commandement ; car on
a vu qu'il pouvait seul développer la force
de sa troupe et lui donner une habile direction.
Ce qui nous fait dire avec Helvétius, « que si
» la vertu, le courage et par conséquent les
» passions dont les soldats sont animés, ne
» contribuent pas moins au gain des batailles,
» que l'ordre dans lequel ils sont rangés, un
» traité sur l'art de les inspirer ne serait pas
» moins utile que tous les traités de Tac-
» tique. »

Or, ces judicieuses paroles, qui corroborent
la pensée que nous avons émise sur le même
sujet, et dont la démonstration qui précède a
fait ressortir toute l'évidence, nous permettent

enfin de constater que le commandement,
considéré à ce point de vue, a une importance
capitale dans toute opération de guerre, et
qu'il est par cela même intimement lié à la
Stratégie et à la Tactique.

LIVRE II

ATTRIBUTIONS DU COMMANDEMENT.

LIVRE II

ATTRIBUTIONS DU COMMANDEMENT.

Dans le premier livre de ce traité, nous avons exposé la théorie du commandement, en nous appuyant d'une part sur l'histoire, et d'autre part sur les lois de la psychologie expliquées par les mathématiques.

Dans ce deuxième livre, nous allons examiner ses attributions, qui sont de deux sortes : *les droits et les devoirs.*

Les premiers constituent l'autorité du chef et ses prérogatives : ils lui donnent le pouvoir exorbitant, mais nécessaire, de disposer de la volonté d'autrui comme de la sienne propre, et à cet effet de punir ou de récompenser selon qu'il le juge à propos, sans autre arbitre que sa conscience.

Il y a donc *un Droit de punir et un Droit de récompenser ;* mais l'un et l'autre supposent *des devoirs* qui en sont inséparables, et leur coïncidence est telle, que les premiers, par leur nature et leur étendue, déterminent exactement et rigoureusement le genre, le caractère et la limite des seconds.

CHAPITRE IER

DROIT DE PUNIR.

———

1

Le droit, dans sa véritable acception, suppose la justice. Mais celui qui a mission de
l'exercer est un être pensant, doué par conséquent des facultés et des passions qui sont
le partage de l'espèce humaine, et peut avoir
comme tel toutes les faiblesses, les vices ou
les imperfections de sa nature, aussi bien que
les qualités, les mérites et les vertus. Il est
donc susceptible de composer avec sa conscience ou de se tromper. Dans l'une et l'autre

hypothèse, il viole le droit et commet une injustice ; action inique et odieuse si elle est volontaire, et dans tous les cas, bien funeste en matière de discipline.

On remarquera d'ailleurs que l'injustice et le droit ne sauraient exister simultanément, puisqu'ils sont la négation l'un de l'autre ; et si le contraire pouvait avoir lieu, comme l'injustice suppose la violence ou la ruse, c'est-à-dire la force ou son équivalent, il s'ensuivrait qu'il existe un droit du plus fort ; ce qui est absurde, ainsi qu'on en trouve la preuve toute déduite dans ces paroles de J.-J. Rousseau :

« Puisque le plus fort, dit-il, a toujours » raison, il ne s'agit que de faire en sorte » qu'on soit plus fort ;

» Or qu'est-ce qu'un droit qui périt quand » la force cesse ?

» S'il faut obéir par force, on n'a pas besoin » d'obéir par devoir ;

» Et si l'on n'est plus forcé d'obéir, on n'y
» est plus obligé.

» On voit donc que le mot droit n'ajoute
» rien à la force ; il ne signifie ici rien du
» tout. » Ce qui revient à dire en termes
plus formels, que la force ne saurait jamais
constituer un droit.

II

Il reste donc établi que l'injustice place
l'autorité en dehors du droit, la fait sortir
par cela même de ses attributions, et dans ce
cas l'arbitraire prenant la place de la légalité,
l'exercice du commandement n'est plus qu'un
usage brutal de la force contre la justice, la
morale et la raison.

Mais cette manière d'agir, qui décèle dans
un chef une âme vulgaire et un génie étroit,
a tous les inconvénients qui résultent de son
immoralité, et doit être considérée comme
une faute grave en matière de discipline, en

ce que, sous cette influence, les caractères s'irritent, les passions fermentent et font naître dans les cœurs de légitimes ressentiments, dont on ne peut toujours prévenir, ni même prévoir les conséquences. Toujours est-il qu'une telle conduite est au moins déloyale ; qu'elle a donc pour effet de déconsidérer le commandement en faisant suspecter sa bonne foi, et par suite d'en affaiblir le ressort en raison de ce qu'il perd dans l'estime, la confiance et l'affection des subordonnés.

III

Donc pour nous résumer sur cette question, nous disons que l'injustice dans l'exercice de l'autorité, est un vice radical qui offense la morale et fait injure à la raison ; engendre un antagonisme qui paralyse tout élan dans une troupe, en neutralisant les forces et les volontés ; y détruit la bonne harmonie et avec elle l'unité d'action, et témoigne enfin par toutes ces causes, que la partialité dans un chef est tout à la fois odieuse et funeste, qu'elle dément son caractère honorable, décèle son impéritie et affaiblit son autorité.

Toutes ces considérations nous amènent à conclure, en renversant la proposition, *que la plus grande force du commandement réside dans sa droiture et sa moralité.*

CHAPITRE II

DE LA DISCIPLINE.

I

Il y a selon nous, dans l'exercice de l'autorité, deux choses à considérer, savoir : *le
but qu'on se propose et le moyen d'y parvenir*.

Nous disons pour répondre à la première
question, que ce but consiste à former les
hommes à la discipline, de manière à obtenir
une obéissance absolue, en tout ce qui concerne l'exécution des lois et réglements militaires ; obéissance dont Napoléon Ier a posé les
bases générales dans les termes suivants :

« Le Souverain ou la Patrie commande à
» l'officier inférieur et aux soldats l'obéis-
» sance envers leur général et leurs supé-
» rieurs, *pour tout ce qui est conforme au*
» *bien ou à l'honneur du service.* »

II

Ainsi, l'obéissance de l'inférieur, qui est rigoureusement obligatoire, est néanmoins subordonnée à certaines conditions qu'il importe de déterminer ; et, dans ce but, si l'on compare, d'après les règles établies sur la discipline, les droits et les devoirs du supérieur avec ceux du subordonné, on remarquera que les droits de l'un donnent exactement la mesure des devoirs de l'autre, et réciproquement. D'où il suit, que si l'infé-rieur doit l'obéissance à son supérieur, comme les droits de celui-ci, rigoureusement calculés sur les besoins de la discipline, se trouvent li-mités par l'étendue de ces besoins, ces limites extrêmes servent ainsi à marquer le terme de l'obéissance.

III

Quoi qu'il en soit d'ailleurs au point de vue du droit, des prérogatives du chef et des obligations de l'inférieur, ce qu'il importe surtout de constater, c'est que l'obéissance est plus ou moins efficace, selon qu'elle est fondée sur la crainte ou le dévouement.

Dans le premier cas, c'est une obéissance *passive*, qui détrempe le caractère et le dégrade, énerve le courage et fait de l'homme une sorte d'agent mécanique, un rouage inintelligent qui fonctionne sans énergie, parce qu'il est sans passions.

Dans le deuxième cas, c'est une obéissance *active*, qui est énergique et spontanée, parce que, contrairement à la précédente, elle est exempte de toute contrainte et que la passion en est le mobile.

Celle-ci est par conséquent la plus efficace,

et la seule en même temps qui soit réellement compatible avec la dignité humaine. À ce double titre, elle répond entièrement au but que nous voulons atteindre. Quant aux moyens d'y parvenir, nous les trouvons écrits dans la Loi naturelle, qui est l'archétype par excellence, et dont les sages dispositions sont les préceptes que nous prenons pour modèles.

Or, d'après les caractères qui distinguent cette loi, il est établi d'une manière irrévocable :

1° Que l'obéissance à ses prescriptions est immédiatement suivie d'une récompense, et que l'infraction, tout au contraire, entraîne un châtiment ;

2° Quelle est fondée sur la justice, parce que les récompenses et les peines y sont proportionnées à l'obéissance ou à l'infraction ; que son action, dans des circonstances semblables, est égale pour tous, et de plus qu'elle est invariable et constante dans ses effets ;

3° Qu'enfin, sous cette double influence qui émane de ses effets contraires, elle s'impose irrésistiblement par l'attrait du plaisir et la crainte de la douleur.

IV

Mais dès lors que cette loi, si absolue sur la volonté, n'exerce son empire que par l'influence de la justice et l'action combinée des récompenses et des châtiments, il y a tout lieu de croire que les lois humaines auront la même vertu si elles réunissent de semblables conditions; car sans cela il faudrait admettre que des causes identiques produisent des effets différents; ce qui est absurde. Et comme l'autorité militaire est une loi vivante, il va sans dire qu'en observant la même règle, elle obtiendra des résultats analogues, de même que si elle vient à s'en écarter, elle produira le désordre par le relâchement de la discipline ou par ses excès; car telle est l'inflexibilité de la Loi naturelle, qu'elle n'admet pas de transaction ; en sorte que le bien et le mal que produit la législation humaine, découlent invariablement, le premier de l'observation de ses préceptes, et le deuxième de leur infraction.

« Partout, dit Volney pour établir la preuve
» de cette vérité, si un peuple est puissant,
» si un empire prospère, c'est que les lois de
» convention y sont conformes aux lois de la
» nature. . . . .

. . . .

» Si au contraire un empire tombe en ruines
» ou se dissout, c'est que les lois (par rapport
» au même type) sont vicieuses ou impar
» faites. »

V

Nous avons dit que dans la Loi naturelle les peines étaient proportionnées aux infractions. Or, pour appliquer à la discipline ce principe essentiel, fondé sur la justice, nous observons que l'homme, par sa nature impressionnable, étant accessible aux jouissances et aux peines morales, ces dernières permettent de graduer les moyens de répression de telle sorte, qu'ils soient toujours en rapport avec la faute commise. On y trouve également la possibilité, en suivant insensiblement dans leur application, une progression ascendante, de faire usage de toute l'action morale, avant de recourir à la contrainte physique, moyen qui est rarement efficace, et permet d'ailleurs trop facilement, de déguiser sous les apparences du zèle, des sentiments que le devoir n'a pas toujours inspirés.

Pour ce qui est de l'action morale, qui se traduit par un blâme, une réprimande plus ou moins sévère, nous avons la ferme croyance que cette correction, infligée avec discernement, peut souvent remplacer avec avantage une peine effective; car s'il arrive, par exception, qu'on ne puisse pas atteindre complètement le but, il est au moins certain qu'on ne s'expose pas à le dépasser, et qu'on peut toujours, s'il en est besoin, recourir aux moyens les plus énergiques, qui agiront alors avec d'autant plus de vertu qu'on en aura moins abusé ; tandis qu'en les prodiguant sans nécessité, on ne produit que des désordres, en exaspérant les esprits, et l'on compromet sans profit le prestige de l'autorité.

VI

De cette conséquence inique et fatale, nous déduisons cet autre principe non moins essentiel, savoir : *que pour punir avec discernement, il faut savoir apprécier la nature et la gravité d'une faute, et peser à cet effet dans la balance de la justice, en les confrontant avec le fait matériel, toutes les circonstances atténuantes ou aggravantes résultant de la cause, de l'intention, des conséquences et du caractère personnel de l'individu.*

VII

Nous reviendrons sur cette question, pour en compléter les détails, dans le chapitre suivant. Constatons seulement ici, que l'oubli des principes énoncés ci-dessus est souvent une cause de sévérité qui n'a pas sa raison d'être, et dans cette conviction, nous croyons proclamer une importante vérité en disant qu'un chef, *par le seul fait qu'il inflige de nombreuses punitions, a besoin d'apprendre à commander:* car tout en reconnaissant l'utilité d'une discipline sévère, si en même temps on la suppose intelligente, on peut être assuré que le chef, par son influence morale, disposera si bien les esprits à l'obéissance, qu'il trouvera rarement l'occasion de punir.

« Dans un état bien gouverné, dit J.-J.
» Rousseau, il y a peu de punitions, non
» parce qu'on y fait beaucoup de grâces,
» mais parce qu'il y a peu de criminels. »

Et Napoléon Ier, sur le même sujet, a écrit ces remarquables paroles :

« Une discipline trop sévère dégraderait et
» avilirait le caractère français, qui a besoin
» d'une discipline paternelle, plus fondée sur
» l'honneur et les sentiments. »

VIII

Il est encore, sur les règles de la discipline, un précepte du plus haut intérêt, qui devrait inspirer sans cesse la conduite du chef. Il établit en principe, *que pour éviter l'occasion de punir il faut s'attacher à prévenir les fautes.*

Avant de nous expliquer à ce sujet, nous appelons la plus sérieuse attention sur les paroles suivantes qui interprètent la même pensée et sont dues à la plume savante de Montesquieu.

« Un bon législateur, dit-il, s'attachera
» moins à punir les crimes qu'à les prévenir;

» il s'appliquera plus à donner des mœurs
» qu'à infliger des supplices. »

Et plus bas il ajoute dans le même sens :

« Un législateur prudent prévient le mal-
» heur de devenir un législateur terrible. »

Un si noble langage n'a pas besoin de commentaires : il trouve son explication dans la
pensée de tout homme de sens et de cœur.
Toutefois, comme il s'agit pour nous de le
réaliser, nous disons dans ce but, qu'il faut
savoir inspirer à ses subalternes un sentiment
religieux des devoirs qu'ils ont à remplir ; et
cela en leur persuadant que l'obéissance est
une nécessité impérieuse, inflexible, devant
laquelle il faut irrévocablement que toute
résistance cède ; que si elle est volontaire,
elle met à l'abri de toute violence, laisse une
entière liberté d'action, ce qui rend plus facile
l'exécution qui doit s'en suivre ; devient une
cause de mutuelle satisfaction entre le supérieur et son subordonné, et constitue par là
un droit aux récompenses.

Toutes ces réflexions, qui sont de notre part le fruit de l'expérience et de l'étude, Xénophon les appuie de son autorité dans les termes suivants :

« Pour rendre une troupe obéissante,
» dit-il, le premier point c'est de lui montrer
» par le raisonnement le bien qui résulte de
» la discipline ; le second, c'est de faire que
» ceux qui l'observent jouissent, suivant la
» loi, de tous les avantages dont les autres
» seront privés. »

IX

Dans ces conditions, qui rendent l'obéissance forcément volontaire, d'abord par les avantages qui en résultent, et en second lieu, par tous les inconvénients ou les dangers de l'insoumission, il est évident, quand on l'envisage sous ce point de vue, qu'elle ne peut offrir que des satisfactions ; car, ainsi que l'observe Sénèque, « ce n'est pas celui qui obéit qui est

» malheureux, c'est celui qui obéit malgré.»

C'est pourquoi nous répétons avec insistance, qu'il faut pénétrer les esprits de ces idées salutaires, et faire connaître exactement à l'inférieur la nature et l'étendue de ses obligations, « attendu que l'obéissance, selon » l'expression de Volney, veut la conviction » d'un devoir. » Et d'après Plutarque, dont le sentiment n'a pas moins d'autorité, « il faut que la persuasion et la raison tem— » pèrent la nécessité de l'obéissance. »

Ces principes une fois reçus et gravés dans les convictions, l'obéissance devient, aux yeux de tous, une inflexible nécessité qui passe dans les habitudes; une obligation rigoureuse, qui n'admet ni commentaires ni transactions, et à laquelle néanmoins, on se soumet avec toute l'abnégation qu'inspire le dévouement, lorsqu'elle est imposée par l'ascendant du caractère et de la raison, la suprématie du mérite et la puissance des sympathies.

X

Tels sont, en résumé, les résultats d'une discipline intelligente et fondée sur la justice; résultats dont le chef a seul tout le mérite, puisqu'ils sont dus exclusivement à sa sollicitude éclairée, et qu'on peut regarder, à ce titre, comme le reflet de son caractère et le thermomètre de sa capacité.

CHAPITRE III

PUNITIONS

I

« Le plus grand talent d'un général, dit
» Plutarque, est d'obtenir l'obéissance par
» l'affection qu'il inspire. »

Toutes les réflexions qui précèdent sur les
règles de la discipline, d'accord avec ce précepte, font voir que les moyens de persuasion
sont en effet les plus efficaces, lorsqu'on sait
en user avec discernement. Toutefois, comme
ces moyens, à l'égard de certains caractères

et dans quelques *rares circonstances,* peuvent être insuffisants, il faut alors seulement y suppléer par des punitions.

La question se présente donc ici sous un nouvel aspect, et nous allons essayer de la mettre en lumière.

II

Et d'abord, pour procéder avec méthode, en complétant notre pensée sur la discipline, nous posons comme un principe absolu, *que les mesures de rigueur doivent être une exception : qu'il faut s'en abstenir toutes les fois que l'action morale est suffisante pour atteindre le but déterminé ;* et la raison en est que ces mesures étant un extrême, c'est-à-dire la plus énergique manifestation de l'autorité, elles offrent une ressource d'autant plus précieuse, que cette ressource une fois épuisée, on est réduit à l'impuissance, alors précisément qu'on a le plus besoin de son autorité pour faire respecter les droits du commandement.

Tout le prestige d'ailleurs, qui environne le pouvoir du chef, est dû, en grande partie, à la faculté de punir. Mais le prestige est une illusion qui s'affaiblit d'autant plus qu'on use davantage de cette faculté, parce qu'alors la réalité nous montre les objets réduits à leurs proportions naturelles, et que l'habitude de les voir ou de les sentir, devient pour notre esprit une cause d'indifférence, qui dégénère souvent en mépris.

III

Tel est l'effet qui nous paraît devoir se produire par l'abus des punitions. Aussi, croyons-nous être fondé à dire que l'idée seule, attachée au droit de punir, a bien plus d'empire sur les esprits que la réalité même, et conséquemment qu'il faut user de ce droit avec modération, quoique sans faiblesse, si on veut lui conserver son prestige qui fait toute sa force. « L'expérience a fait remar- » quer, dit à ce sujet Montesquieu, que dans » les pays où les peines sont douces, l'esprit » du citoyen en est frappé, comme il l'est » ailleurs par les grandes. »

« Quelque inconvénient se fait-il sentir, » un gouvernement violent veut soudain le » corriger ; et, au lieu de songer à faire » exécuter les anciennes lois, on établit une » peine cruelle qui arrête le mal sur le » champ. *Mais on use le ressort du gouver-* » *nement : l'imagination se fait à cette* » *grande peine, comme elle s'était faite à* » *la moindre ; et, comme on diminue la* » *crainte pour celle-ci, l'on est bientôt forcé* » *d'établir l'autre dans tous les cas.* »

IV

Nous pouvons donc affirmer, sur la foi de ces paroles, et d'après les raisons déduites

précédemment et vérifiées par l'expérience,
que l'autorité du chef s'use et périclite par
son excès de sévérité. Qu'il est à craindre
d'ailleurs, qu'une fois engagée dans cette
voie pernicieuse où la raison s'égare, aveu-
glée par de mauvais-instincts ou des passions
mesquines, elle ne soit bientôt à bout de
ressources, sans avoir cependant usé de
tous ses moyens, puisqu'elle s'est privée
gratuitement de sa puissance morale. Mais un
état si précaire ne peut subsister longtemps
sans danger ; et pour s'en affranchir, on est
réduit fatalement à opter entre deux partis
également funestes, dont l'un consiste à faire
des concessions humiliantes, qui équivalent
à un aveu d'impuissance ou d'incapacité ; et
le deuxième, à persévérer dans un système
odieux, que réprouvent également la raison
et l'humanité ; et, comme dans ce dernier
cas, le pouvoir du chef est déjà parvenu à
sa dernière limite, il faut que le magistrat
vienne prendre sa place, pour mettre son

autorité compromise sous la protection de la loi.

Or, si l'on veut réfléchir aux conséquences de cette mesure, on observera d'abord qu'elle est devenue une nécessité par limpéritie du commandement ; et, en second lieu, qu'elle entraîne, pour le prévenu, au moins la flétrissure morale. En sorte que par un vice inhérent à la personne du chef, un homme, confié à ses soins, va se trouver exclu de l'armée sous le poids d'une flétrissure ; qu'il est deshérité de l'estime publique, alors que, sous une meilleure direction, il y aurait peut-être occupé une place honorable ; que s'il reparaît un jour dans la société, il y portera, empreint sur son front, le sceau de l'infamie et un cœur dépravé par l'habitude du vice. Que, cependant, cette victime de l'ignorance est un homme ; qu'il a une famille, plongée dans la désolation, et sur laquelle va rejaillir son déshonneur et sa honte ! . . . .

V

Par toutes ces considérations, nous sommes amené à conclure qu'un chef ne saurait trop se pénétrer, en matière de discipline, de l'importance et de la grandeur de ses devoirs; car, il assume parfois une terrible responsabilité, dont une conscience honnête ne peut envisager, sans frémir, les graves conséquences.

VI

Toutefois, il faut se hâter de dire que si par l'insuccès de tous le autres moyens, les mesures de rigueur les plus énergiques devenaient une nécessité, on ne devra pas oublier que l'autorité militaire est *l'arche sainte*, et qu'il n'est pas de sacrifice trop cher pour lui épargner un échec; car, c'est sur elle que reposent la puissance et la sécurité d'un pays, aussi bien que sa grandeur, son indé—

pendance et sa gloire. Si donc cette autorité était méconnue, toute nouvelle condescendance de la part du chef, serait la faute la plus grave qui pût se commettre ; par cette raison décisive, qu'en épargnant momentanément un sujet rebelle, on ne ferait que différer la peine qui doit l'atteindre plus tard ; et que cependant, on serait bientôt exposé, par le mauvais exemple donné à la masse, à sévir contre un plus grand nombre de coupables, qui peut-être n'auraient jamais succombé, sous un commandement plus intelligent et plus fort.

Nous concluons de ce qui précède, que dans ces conditions exceptionnelles, les moyens énergiques ne sauraient être que profitables, et qu'on doit en faire usage, sans aucun scrupule ni ménagement.

VII

Pour fortifier dans les esprits cette pensée salutaire, nous rappellerons, en terminant ce chapitre, d'abord, l'exemple de ce Romain d'une vertu stoïque jusqu'à la cruauté, qui sut étouffer le sentiment de la nature pour le maintien de la discipline, en ordonnant la mort de son propre fils.

Et en second lieu, cette terrible sentence, prononcée contre un officier par le grand Frédéric, qui venait de le surprendre, accroupi sous son manteau, où, contrairement aux ordres donnés, il cachait une lumière pour écrire à sa jeune épouse : « Mandez à » votre épouse, lui dit le roi, que, pour le » maintien de la discipline militaire, demain, » à pareille heure, vous ne serez plus. »

CHAPITRE IV

DROIT DE RÉCOMPENSER

———

I

Helvétius, interprétant la pensée du législateur au point de vue de la loi naturelle, s'exprime en ces termes :

« La récompense, la punition, la gloire et
» l'infamie, soumises à la volonté du législateur, sont quatre espèces de divinités
» avec lesquelles il peut toujours opérer le
» bien public, et créer des hommes illustres
» en tous les genres. »

Or, nous avons déjà examiné, dans ce sens,

l'influence des punitions. Nous allons donc, comme complément de la même pensée, parler des récompenses.

II

Nous observons, à cet effet, que si le droit de punir constitue l'autorité du chef, en forçant à l'obéissance par la crainte du châtiment, celui de récompenser est son plus beau privilége, et produit le même résultat par une influence contraire. L'un et l'autre ont leur raison d'être, puisqu'ils sont écrits dans la loi naturelle qui est l'œuvre de Dieu; mais c'est surtout de leur combinaison qu'on peut attendre les plus puissants effets et les plus salutaires, en admettant toutefois qu'ils sont pratiqués selon les règles de la justice; et, à cet égard, ce que nous avons dit du droit de punir, s'applique, par les mêmes raisons, au droit de récompenser, c'est-à-dire *qu'il cesse d'exister au point même où l'injustice commence*, et l'arbitraire, dans l'exercice de ce droit, est tout aussi absurde, immoral et funeste, qu'en ce qui concerne les punitions.

III

Les récompenses, d'ailleurs, ne sont pas la propriété de celui qui les donne ou les fait obtenir : c'est un dépôt sacré que le chef de l'Etat, dépositaire et défenseur de tous les droits, a confié à son honneur, et dont il ne peut faire un usage illicite, sans frustrer des espérances légitimes, et commettre tout à la fois, un acte d'improbité, un abus de con- fiance, une insigne déloyauté ; toutes choses qui atteignent un chef dans son honneur et sa considération, et le rendent indigne de commander à des hommes.

IV

Nous établissons par tous ces motifs, que la

justice est non-seulement inhérente au droit de récompenser, mais encore qu'elle est indispensable dans l'exercice de ce droit, si l'on se propose un but moral et utile. Or, celui qui nous occupe, tel qu'il est défini précédemment, a ce double caractère (nous rappelons qu'il s'agit de l'obéissance dans les limites de la raison, de l'honneur et du droit). Donc, en prenant l'équité pour base, et pour mobile l'action combinée des punitions et des récompenses, on aura rempli, comme il a été dit, toutes les conditions de la loi naturelle, et le problème sera résolu.

On remarquera, toutefois, que la plus grande difficulté, dans l'application du précepte, consiste à savoir combiner les effets de cette loi, de la manière la plus favorable à leur plus grand effet; ce qui se réduit à savoir apprécier, à tous les degrés, les divers genres de mérites, ainsi que la nature et la gravité des infractions; mais autant que possible , en jugeant de la valeur des individus par celle de leurs actes et non sur de simples présomptions , qui ouvrent une porte à l'arbitraire et donnent le moyen de justifier tous les abus. Helvétius dit avec raison à ce sujet :

« Le public ne connaît et n'estime que le » mérite *prouvé par les faits.* »

Et La Rochefoucauld, sur la même question, s'exprime en ces termes :

« On ne doit pas juger du mérite d'un » homme par ses grandes qualités, mais *par* » *l'usage qu'il en sait faire.* »

Donc, enfin, selon que les actes dont il s'agit se rapportent au bien ou au mal, il faut récompenser ou punir en n'écoutant que la voix de la conscience, alors qu'elle est suffisamment éclairée par les lumières de la raison.

V

Nous disons que cette manière de procéder est la plus efficace, parce qu'elle est juste et partant conforme à la raison ; que l'action bienfaisante d'une récompense, comparée à l'effet rigoureux ou pénible d'une punition, produit un contraste frappant qui doit affecter vivement les esprits, et, sous l'empire de cette double puissance qui sollicite par l'attrait du plaisir et subjugue en même temps par l'effet de la crainte, il n'est pas de volonté qui puisse, raisonnablement, se soustraire à l'obéissance.

VI

On peut inférer, de tous ces principes, que l'effet salutaire des récompenses est subordonné à la raison de droit, et comme celui-ci relève du mérite, il en résulte :

1° Qu'elles sont la propriété légitime de ce dernier ;

2° Que les récompenses et le mérite sont deux rapports inséparables.

Nous allons, en conséquence, examiner cette dernière question, qui renferme tout le secret de la précédente.

CHAPITRE V

DU MÉRITE

I

Le *mérite* est la condition vitale du commandement, soit qu'il concerne la personne du chef, soit qu'il ait pour objet les obligations qui lui sont imposées à l'égard des subalternes qui relèvent de son autorité.

Envisagée sous ce dernier point de vue, cette question est inséparable de la justice, et renferme, à ce titre, le plus sacré de tous les devoirs : celui que le chef ne peut enfreindre sans cesser d'être honnête homme, sans avilir son caractère, et, par un effet des sentiments qu'il inspire, voir son autorité frappée d'impuissance sous le stigmate du mépris.

Nous pensons qu'on ne lira pas sans intérêt, sur une question de cette importance, les réflexions suivantes que nous empruntons à Montesquieu :

« Un chef, dit-il, veut-il savoir le grand
» art de commander, qu'il approche de lui
» l'honneur et la vertu, qu'il appelle le
» mérite personnel. Il peut même jeter quel-
» quefois les yeux sur les talents. *Qu'il ne*
» *craigne point ces rivaux qu'on appelle*
» *les hommes de mérite : il est leur égal dès*
» *qu'il les aime.* Qu'il gagne le cœur, mais
» qu'il ne captive point l'esprit. Qu'il se rende
» populaire. Il doit être flatté de l'amour
» du moindre de ses subordonnés : ce sont
» toujours des hommes. »

II

Pour être bon juge en fait de mérite, il faut d'abord ne s'inspirer que de sa conscience, avoir du discernement, être désintéressé, juste par conviction, et posséder soi-même, à un degré supérieur, les qualités ou les talents qu'on a mission d'apprécier chez les autres.

III

Il faut savoir encore que le mérite n'est pas inné chez les hommes, puisque leur manière d'être est un fait indépendant de leur volonté, et que le propre du mérite est de procéder directement de l'individu comme son œuvre exclusive et personnelle. « La » nature, dit Sénèque, a mis en nous le » germe de toutes les sciences, mais elle ne » nous a rien enseigné. » Le mérite est donc le résultat du travail : c'est-à-dire qu'il dépend de la volonté et des aptitudes ; que celles-ci se révèlent par l'exercice des facultés, et par suite, l'œuvre qu'elles produisent, en donnant une juste idée de la pensée qui conçoit et des agents qui exécutent, fait connaître avec précision la mesure des capacités, de l'habileté, et détermine par là le genre et la grandeur du mérite.

IV

Il reste donc bien acquis que les facultés départies par la nature, bien qu'elles renferment tous les éléments du mérite, ne sont en réalité que le moyen de l'acquérir par l'effet du travail. Et l'on remarquera que ces facultés, quelque grandes qu'on les suppose, si on les laisse dans l'inaction restent d'abord improductives, puis vont s'affaiblissant et finissent par s'éteindre ; tandis qu'en les cultivant sans relâche, elles grandissent, se développent et se fortifient à tel point, qu'on a vu des in-

telligences ordinaires, atteindre quelquefois,
sous l'influence de la passion, la puissance
du génie.

V

Mais puisque tel est le résultat du travail,
disons d'abord que le chef ne saurait trop
s'attacher, s'il est pénétré de son devoir, à
mettre cet élément du progrès à la portée
de tous, pour donner au mérite ignoré l'occasion de se produire; autrement il demeure
inerte ou meurt enfoui, ce qui est un préjudice irréparable. Puis, lorsqu'il s'est mani-
festé, il faut encore pour le faire grandir,
continuer de le suivre avec sollicitude, en
l'encourageant par des éloges, des récompenses, des distinctions, et savoir enfin l'utiliser selon le genre qui lui est propre. La
réflexion suivante que nous empruntons à
La Bruyère, nous prouve suffisamment que
cet important devoir n'a pas toujours été
rempli; ce qui est bien regrettable. « Sentir

» le mérite, dit-il, et quand il est une fois
» connu, le bien traiter ; deux grandes dé—
» marches à faire tout de suite, et dont la
» plupart des grands sont fort incapables. »

VI

Comme conséquence de ce qui précède, on
remarquera qu'il y a des hommes de mérite
à tous les degrés, de même qu'il en existe de
différentes espèces ; et toutes ces variétés
peuvent être rangées en deux catégories, dont
l'une comprend *le mérite des aptitudes*, qui
est pour ainsi dire permanent et relève en
général de l'intelligence ; et l'autre, qu'on
peut appeller *le mérite des actions*, appartient
plus spécialement aux qualités du cœur. Il
est accidentel et dépend de circonstances
fortuites.

Toutes ces distinctions ont une importance
réelle qu'il est utile de savoir apprécier,
lorsqu'il s'agit de porter un jugement sur la

valeur intrinsèque de chaque individu. « Pour
» bien juger des hommes, dit Fénelon, il faut
» commencer par savoir ce qu'ils doivent
» être ; il faut savoir ce que c'est que le vrai
» et solide mérite, pour discerner ceux qui
» en ont d'avec ceux qui n'en ont pas. »

VII

Il faut encore observer que l'homme doué
d'un vrai et solide mérite est ordinairement
modeste ; que cependant il a aussi sa fierté,
la seule peut-être qui soit légitime, parce
qu'il la justifie par sa valeur personnelle, et
que d'ailleurs elle a ce caractère de grandeur
que Voltaire attribue à toutes les nobles éma-
nations de l'âme. On peut dire qu'il a le sentiment de lui-même, parce qu'il est son propre
ouvrage ; et s'il veut être distingué, c'est
beaucoup moins par vanité que par une juste
appréciation de ce qu'il a fait et de ce qu'il
peut faire encore. Aussi la plus grande injure

qu'on puisse lui infliger, n'est pas précisément
de le blesser dans ses intérêts, mais de le
confondre avec la médiocrité, si ce n'est
même de lui préférer celle-ci dans l'estime
qu'on en fait.

VIII

Comme d'ailleurs il a l'habitude de juger
avec sa raison des hommes et des choses, et
que celle-ci, dont l'autorité est irréfragable et
la puissance absolue, n'admet d'autre suprématie que celle du mérite, qui est précisément
la sienne, il est naturel qu'il considère la
prééminence de rang comme un droit qui lui
appartient de par la loi de la nature, « de
» cette éternelle loi, selon laquelle, dit Plu-
» tarque, celui-là seul doit commander qui
» en est le plus capable. »
Mais l'expérience démontre que les capacités, les vertus et tout ce qui constitue le
droit n'ont pas toujours été des garanties suffisantes pour le faire respecter ; et la médio-

crité servile, peu scrupuleuse sur le choix des moyens, a trop souvent réussi à supplanter la véritable valeur. Il répugne tant à celle-ci de recourir aux expédients bas et vulgaires ! et d'ailleurs, peut-elle consentir à devoir à la seule faveur, ce qu'elle regarde à bon droit comme un bien légitime ?

IX

Il faut dire toutefois que l'injustice, en blessant l'homme de mérite dans sa conscience, réveille toute sa fierté et son indignation, lui donne plus que jamais le sentiment de sa valeur, de son droit, de l'offense qui lui est faite ; et quoiqu'il accepte sans se plaindre l'exclusion dont il est l'objet, il se forme néanmoins dans son esprit irrité, une hostilité calme et digne, mais opiniâtre et sérieuse ; hostilité dont le caractère est d'autant plus grave, que la cause en étant légitime, elle trouve des adhérents.

X

On ne doit pas ignorer d'ailleurs, que l'influence du mérite est tellement irrésistible,
qu'elle s'impose en dépit de la volonté, et
que tout ce qui l'approche est forcé de la
subir. Il est, par conséquent, le levier de
l'opinion, et, par cette raison souveraine, on
ne peut se flatter d'être réellement le chef
d'une troupe, qu'à la condition expresse de
s'en faire un appui. Or, il existe pour cela un
moyen toujours infaillible, lequel consiste
tout simplement, mais irrévocablement *à pratiquer la justice.*

XI

Prétendre agir en opposition avec le mérite
et en dehors de son influence; ce qui revient
à sacrifier le droit à des préférences injustes ou
à son intérêt privé, c'est d'abord méconnaître

le caractère dont on est revêtu et par suite abdiquer son autorité; car l'opinion publique qui fait toute la force de celle-ci, ne lui serait plus favorable dès lors qu'elle aurait cessé d'être juste et honnête; et le commandement, en pareil cas, isolé dans son égoïsme, parqué dans son esprit de parti, se trouverait réduit aux ressources précaires d'une coterie de privilégiés, hommes de peu de valeur au moins par le caractère, puisque leur moyen de succès ne réside que dans la faveur.

On sait d'ailleurs que leur intolérable suf-fisance qui constitue souvent tout leur mérite, leurs insinuations perfides et leurs rapports calomnieux, sont un ferment perpétuel de discorde et de haine, une cause incessante de défiance et de suspicion, qui jette le trouble et le malaise dans les esprits, porte le découragement dans les cœurs et paralyse, au détriment du service, toute pensée généreuse ou utile.

XII

C'est parmi eux que nous plaçons ces natures dégradées, cette race abjecte et mau-
dite, la honte de l'espèce humaine, que
Fénelon appelle *la nation des rapporteurs !*
race en effet bien vile et méprisable, qui ne
peut vivre que du malheur d'autrui, et dont
toute l'existence est un tissu de lâchetés, de
bassesses et de trahisons.

Le portrait saisissant qu'en a tracé Fénelon,
résume sur ce point toute notre pensée, et
nous allons le reproduire.

« Dès qu'on ne parle qu'à un petit nombre
» de gens, dit-il, on s'engage à recevoir
» toutes leurs passions et tous leurs préjugés ;
» les bons mêmes ont leurs défauts et leurs
» préventions, — que ne doit-on pas attendre
» des mauvais ? — De plus, on est à la merci
» des *rapporteurs*, nation basse et maligne,
» qui se nourrit de venin, qui empoisonne

» les choses innocentes, qui grossit les petites,
» qui invente le mal plutôt que de cesser de
» nuire, qui se joue pour son intérêt de la
» défiance et de l'indigne curiosité d'un ma-
» gistrat faible et ombrageux. »

Cette peinture si éloquente et si vraie, qui met en relief, pour le flétrir, le vice le plus infâme, *la délation et la calomnie*, nous dispense de tout commentaire.

CHAPITRE VI

(SUITE DU MÊME SUJET)

RÉCOMPENSE ET FAVEUR — CONCLUSION

I

Les principes que nous venons d'examiner, en nous donnant le moyen de discerner le mérite et de l'apprécier à sa juste valeur, permettent de décerner les récompenses au plus digne, et d'en faire, par conséquent, un usage équitable et judicieux. Cette question inépuisable est donc suffisamment élaborée pour nous, puisque les données que nous avons acquises sur la matière atteignent complètement notre but. Nous allons, en con-

séquence, nous résumer par quelques mots,
sur cet intarissable sujet.

II

Nous observons d'abord qu'une légitime
récompense, procure toujours à son auteur
une jouissance proportionnée au mérite de
celui qui l'obtient ; ce qui tourne au bien de
la discipline, en devenant une cause puissante
d'estime et de sympathie entre le supérieur
et son subordonné, et de mutuelle satisfaction.
Mais il est indispensable pour cela, qu'on ne
puisse pas la taxer de *faveur ;* car celle-ci,
uniquement réservée à l'intrigue et au privilége, exclut toujours le droit et par conséquent le mérite, tandis que la récompense en
fait une condition formelle, et l'on peut dire
à ce titre qu'elle honore celui qui la donne
comme celui qui la reçoit.

III

Que si l'on veut apprécier cette influence
au point de vue de l'utilité générale, il est un
fait digne de remarque, constaté par Helvétius,
qui répond à cette question avec toute l'autorité d'un nom estimable ajoutée à la noto-
riété de l'histoire. Et ce fait, selon les propres
termes de ce philosophe, « c'est le dégoût
» qu'on a pour l'estime et la disette où l'on
» est de grands hommes, dans les siècles où
» l'on ne décerne pas les plus grandes ré-
» compenses au mérite. Il semble qu'un
» homme capable d'acquérir de grands
» talents ou de grandes vertus, passe un
» contrat tacite avec sa nation, par lequel il
» s'engage à s'illustrer par des talents et des
» actions utiles à ses concitoyens, pourvu
» que ses concitoyens reconnaissants, attentifs
» à le soulager dans ses peines, rassemblent
» près de lui tous les plaisirs. C'est de la
» négligence ou de l'exactitude du public à

» remplir ces engagements tacites que dé-
» pend, dans tous les siècles et les pays,
» l'abondance ou la rareté des grands hom-
» mes. »

IV

Il nous reste encore à dire, pour nous résumer sur cette importante question, que la récompense et la faveur, dont nous avons établi ci-dessus le caractère distinctif, diffèrent aussi entre elles par les conséquences qui en découlent. Ainsi, nous observons d'une part que la faveur, par son action dissolvante a particulièrement pour effet : de détruire l'émulation, le zèle et l'esprit de corps; d'engendrer des haines profondes qui n'attendent que l'occasion pour se produire; d'inspirer la défiance, de conduire à la corruption par les voies ténébreuses de l'intrigue; de pervertir le cœur en étouffant tous ses élans généreux; de rendre les âmes serviles par une basse adulation; d'avilir enfin le caractère auguste de l'autorité et d'en faire un objet de mépris.

La récompense au contraire, qui est une *compensation* et par conséquent un droit, suppose toujours le mérite. Elle est fondée sur la justice et ne peut produire que des effets salutaires, parmi lesquels nous mettrons en première ligne, la moralité du commandement ; sa force, qui est en raison de la considération dont il jouit ; la grandeur de ses actes, qui se mesure aux sentiments élevés qu'il inspire : sentiments qui honorent le caractère du chef et annoncent de sa part une conduite droite, éclairée et honnête, qui le rend digne d'exercer, par les qualités de l'intelligence et du cœur, les sublimes devoirs du commandement.

V

Nous disons à ces divers titres, que la récompense est l'auxilaire le plus honorable et le plus utile du commandement, et que la faveur en est le plus indigne et le plus nuisible.

LIVRE III

DE L'ÉDUCATION

LIVRE III

DE L'ÉDUCATION.

—

I

Parmi tous les devoirs du chef, l'éducation militaire est le plus difficile, le plus laborieux et le plus important; et la raison en est que celui qui le remplit, par les obligations qu'il contracte envers la Société, la Famille et la Patrie, résume dans sa personne le caractère du magistrat, celui du chef militaire et du chef de famille : c'est-à-dire qu'il accepte tacitement l'importante mission :

1° De continuer l'œuvre de ce dernier, en transformant par l'éducation des natures souvent ingrates, de telle sorte qu'un jour il puisse rendre à la société, en échange des éléments incultes qu'il a reçus, des hommes accomplis par le caractère et la moralité ;

2° De les instruire en conscience de leurs devoirs et de leurs droits, en apprenant lui-même à respecter ces derniers et à les défendre au besoin, fût-ce à son propre détriment ;

3° De développer, dans une mesure convenable, leurs facultés morales, intellectuelles et physiques, en leur donnant la meilleure direction pour en former des hommes de cœur et de bien ; des soldats intrépides, agiles, adroits, robustes et vigoureux, dont le moral soit à l'épreuve de toutes les vicissitudes, et qu'on puisse regarder enfin, avec un légitime sentiment de confiance et d'orgueil, comme les remparts et la gloire du pays.

II

Une tâche de cette nature est à nos yeux

d'un mérite si élevé, que nous ne lui trouvons pas d'équivalent dans aucune institution humaine. Mais il faut dire aussi que c'est une épreuve décisive pour l'officier qui la remplit : épreuve qui l'honore ou le déconsidère, selon qu'il sait se rendre digne ou qu'il est incapable d'une telle mission.

Nous allons faire connaître à ce sujet ses principales obligations.

CHAPITRE IER

PRINCIPES GÉNÉRAUX D'ÉDUCATION

I

« L'art de l'éducation, dit Helvétius, n'est
» autre chose que la connaissance des
» moyens propres à former des corps plus
» robustes et plus forts, des esprits plus
» éclairés, et des âmes plus vertueuses. »

En conséquence dè ce principe, dont nous
acceptons toute la portée, nous disons d'abord,
en thèse générale, que la sollicitude du chef,
à l'égard du soldat, doit être de tous les
instants; que, cependant, elle doit se mani-

fester, à son début dans la carrière, avec plus
de constance et de zèle ; qu'il doit alors
surtout le suivre avec un intérêt particulier,
l'initier peu à peu à ses devoirs, en le traitant
avec bienveillance, et s'attacher à vaincre ses
mauvais penchants, ou mieux encore à les
prévenir. Car, on ne doit pas ignorer que le
jeune soldat, en quittant le toit paternel, vient
d'être tout à coup livré à lui-même, sans
aucune expérience de la vie ; et comme à cet
âge les passions s'éveillent dans toute leur
intensité, et font naître souvent chez les natures ardentes, des désirs immodérés qui sont
la cause première de tous les vices, il faut
savoir diriger cette force expansive pour
la dépenser utilement, et plier sans effort,
par l'ascendant du caractère et la puissance
de la raison, toutes les volontés à la discipline.

II

Tels sont, en général, et sauf les dévelop-

pements qu'ils comportent dans la pratique,
les préceptes d'éducation qui nous paraissent
les plus rationnels. Ces préceptes, lorsqu'ils
sont pratiqués sur des hommes doués d'un
bon naturel, ou qui ont déjà profité, dans la
vie civile, dès bienfaits de l'éducation, sont
d'une application aussi simple que facile, et,
par conséquent, à la portée de toutes les
intelligences.

Mais, quoique les hommes de cette catégorie soient en grande majorité dans une
troupe, il existe néanmoins à côté d'eux des
natures rebelles, par différentes causes, qui
ont besoin d'une direction plus intelligente ;
ce qui est une question grave et délicate, en
matière de discipline, et l'une de celles qui
importent le plus au commandement ; car, il
s'agit d'abord de maîtriser, *pour les empêcher
de nuire*, ces caractères indociles ou vicieux,
et puis ensuite *de savoir les utiliser*, en dirigeant leurs actions vers le bien.

III

Ceci posé, nous disons avec Descartes :
« Puisqu'on peut, avec un peu d'industrie,
» changer les mouvements du cerveau dans
» les animaux dépourvus de raison, il est
» évident qu'on le peut encore mieux dans
» les hommes, et que ceux-mêmes qui ont les
» plus faibles âmes, pourraient acquérir un
» empire très-absolu sur toutes leurs passions,
» si on employait assez d'industrie à les dresser
» et à les conduire. »

Si l'on observe d'autre part que le vice est
une anomalie, une contradiction dans la manière d'être ; qu'il est le fruit de l'ignorance,
et doit, par conséquent, son existence à
l'homme, il est évident qu'on peut aspirer à
le faire disparaître : il ne s'agit, pour cela,
que d'étudier les caractères et les tempéraments pour bien connaître sa nature, et
pouvoir ensuite, en l'attaquant dans la cause

qui le produit, le combattre avec un plein succès.

Toutefois, comme les caractères et les tempéraments sont variés à l'infini, et qu'on ne peut prescrire un mode d'éducation particulier à chacun d'eux, nous allons diviser en trois catégories les individus considérés comme enclins à l'indiscipline ; et dans l'application qui sera faite de nos préceptes d'éducation, il va sans dire qu'on devra les modifier, selon que les caractères destinés à les recevoir se rapprocheront plus ou moins des types que nous donnons pour modèles.

CHAPITRE II

DU CARACTÈRE APATHIQUE

I

Nous plaçons, dans la première catégorie,
sans acception de race ou de climat, certaines
natures dégénérées par l'appauvrissement du
sang, qui appartiennent au genre lymphatique.
Elles ont en général, la fibre molle et les hu-
meurs visqueuses, un teint pâle et blafard,
l'œil terne, le regard timide et une physionomie plate, insipide, vulgaire, qui ne reflète
aucune sensation.

Or, comme l'action vitale varie d'inten-

sité, selon le genre de tempérament, il
en résulte pour celui-ci, un état permanent de faiblesse et de défaillance qui
réagit sur le moral et produit un caractère
apathique, insouciant et pusillanime; caractère ordinairement simple et naïf, et qui a
toutes les apparences d'un bon naturel; mais
il faut se garder de croire que l'impuissance
physique soit une garantie certaine des qualités du cœur : nous pensons au contraire
avec plus de raison, en nous fondant sur l'expérience, que si les hommes de cette com-
plexion sont en général inoffensifs, c'est
beaucoup moins par vertu que par mollesse
ou incapacité : car ils n'ont la plupart, ni
l'intelligence voulue pour concevoir un mauvais dessein, ni l'énergie nécessaire pour
l'exécuter; et ce qui le prouve, c'est qu'ils
sont tout aussi incapables de faire le bien,
pour peu qu'il exige le moindre effort de la
pensée, ou un développement inusité des
forces physiques. La Rochefoucauld, dont

nous invoquons le témoignage, dit très-judicieusement à ce sujet. « Nul ne mérite d'être
» loué de sa bonté s'il n'a pas la force d'être
» méchant. Toute autre bonté n'est le plus
» souvent qu'une paresse ou une impuissance
» de la volonté. »

II

Quoi qu'il en soit, la conséquence logique qu'on peut déduire de ces faits, c'est que ces sortes d'organisations manquent complètement de *ressort*, et la cause, comme nous l'avons fait pressentir, en est particulièrement due à l'impuissance physique, qui paralyse la volonté, en lui démontrant l'impossibilité absolue de se traduire par des faits.

Il faut donc, pour peu que cette volonté se manifeste avec force, commencer par développer l'énergie musculaire, qui peut seule lui donner le degré d'action qui lui manque.

III

C'est par conséquent aux exercices de corps, et de préférence à l'escrime, qu'il faut recourir tout d'abord, pour tremper fortement ces natures débiles.

Nous disons, sans toutefois exclure les autres moyens, que l'escrime doit être préférée, parce qu'elle réunit le double avantage d'agir tout à la fois sur le physique et sur le moral, en ce qu'elle a d'abord pour effet, en exerçant les muscles, de leur donner plus de souplesse et d'élasticité, et partant plus de force et de vigueur.

D'un autre côté, comme l'escrime est la science pratique du combattant, et que le simple exercice, si on en excepte les conséquences, présente l'image d'un combat réel avec toutes ses péripéties, la pensée de l'homme timide doit naturellement se préoccuper de cet objet, et peu à peu, en se familiarisant avec lui, elle parvient à se fortifier, par l'habitude, contre l'idée plus grave et plus forte qu'en peut offrir la réalité.

IV

Ces deux effets, dont l'un se rapporte au physique et l'autre au moral, sont pour ainsi dire simultanés, et lorsqu'ils ont été produits, ils se fortifient l'un par l'autre à l'aide des mêmes moyens : ainsi à mesure qu'on sent se développer sa vigueur musculaire, et qu'en même temps on devient plus habile à manier ses armes, on a de plus en plus le sentiment de sa valeur personnelle ; ce qui d'abord fait naître la *confiance ;* puis ensuite, les mêmes effets se continuant, *l'amour-propre* est bientôt mis en jeu, *l'émulation* se réveille et l'on devient enfin accessible au *point d'honneur !*

V

Cette question d'ailleurs — nous parlons de l'escrime — a besoin d'être traitée *ex professo,* et nous y reviendrons dans un autre chapitre. Constatons seulement ici que ces changements successifs, dont nous venons d'expliquer la cause et les effets, nous paraissent rationnels en spéculation, et comme ils nous sont en même temps démontrés par l'expérience, il nous est permis d'en conclure, que les moyens proposés pour les obtenir ne sont pas sans efficacité.

VI

Or, si l'on observe, d'après les résultats constatés, qu'il s'est opéré dans notre type une véritable transformation qui a sensiblement amélioré le physique et le moral, on reconnaîtra que l'œuvre est déjà bien avancée, et que désormais les moyens ordinaires doivent suffire pour compléter son éducation. « L'honneur acquis, dit La Rochefoucauld, » est caution de celui qu'on doit acquérir. »

Et selon Vauvenargues : « Le sentiment de nos forces les augmente. »

VII

Quand à l'action disciplinaire à l'égard de ces mêmes hommes, elle doit être bienveillante et pourtant énergique, pour tenir sans cesse en éveil, leur attention paresseuse, et leur donner peu à peu des habitudes de zèle et d'activité.

CHAPITRE III

DU CARACTÈRE PERVERS

I

Le type que nous rangeons dans la deuxième catégorie, est un sujet de la pire espèce. Examiné sous le rapport physique, il paraît doué d'une constitution robuste et ses formes ordinairement annoncent la vigueur. Quant à sa physionomie, elle offre un cachet particulier, dont les principaux caractères sont : un front bas et aplati, les pommettes saillantes, l'encolure au niveau des épaules, et charnue dans la région de la nuque, les sourcils couverts, les yeux petits et enfoncés, le regard oblique, dissimulé, furtif et semblable par son expression à celui de la bête fauve.

II

Or, il est démontré que ces imperfections physiques, chez les natures incultes, annoncent presque toujours un moral vicieux. L'éducation seule peut les former au bien, en corrigeant ces mauvaises tendances. Mais si on admet qu'elle a fait défaut, il est certain que le naturel aura conservé son empire, et le vice précoce, enfant de l'ignorance et de la sensualité, aura triomphé sans efforts, de tous les penchants honnêtes.

III

Dans ces pires conditions, qui sont précisément celles de notre type, on doit lui supposer un caractère dissimulé, taciturne, vindicatif et pervers ; des passions fortes, mais basses et honteuses, dont l'irrésistible ascendant conduit à la licence, et l'abus des plaisirs sensuels, en émoussant toutes les sensations, fait naître des goûts dépravés.

Pour ce qui est de l'intelligence, elle est ordinairement obtuse et bornée ; mais il y supplée par une sorte de ruse instinctive que l'usage a perfectionnée, et qui paraît suffire à des appétits purement matériels.

IV

Il est aisé de voir que cette peinture est presque l'idéal de la dépravation humaine, et dépasse, par conséquent, la réalité. Mais on ne perdra pas de vue que nous avons voulu représenter un type, et s'il en existe heureusement peu d'exemples, on ne peut contester qu'il n'y ait, même dans les rangs de l'armée, des organisations difformes ou vicieuses, au

physique et au moral, qui ont avec ce portrait,
plus ou moins de similitude. Ce qui nous
amène à conclure qu'on peut leur appliquer,
avec les modifications nécessaires, les préceptes d'éducation que nous allons faire connaître.

V

Ceci posé, pour réduire à un seul objectif
une question si complexe, constatons que la
résultante de toutes ces causes d'imperfections,
est l'absence totale de sens moral. Et conséquemment, le but qu'il s'agit d'atteindre,
consiste à reconstituer cet élément précieux.

Mais, pour y parvenir, quelle influence
peut donc avoir la raison sur une nature in-
grate et stupide, dont la conception lente,
pénible et bornée, n'a jamais su comprendre
que le langage des sens ! Evidemment cette
influence est nulle, et il n'y a que les moyens
physiques qui puissent d'abord faire impression. Nous disons même que les plus énergi-

ques, parmi ceux toutefois qu'autorise le ré-
glement, sont les plus efficaces, parce qu'ils
réveillent par les sensations qu'ils produisent,
cette imagination engourdie et paresseuse,
et se gravent profondément dans la mémoire,
avec les circonstances qui en ont motivé
l'emploi.

Toutefois, pour rendre cette impression
plus forte par la différence des sensations, *il
faut posséder assez de tact, pour faire naître
l'occasion de décerner une récompense qui
serait justifiée au moins par les apparences
du droit,* et opposer ainsi le plaisir qui en
résulte, au sentiment douloureux ou pénible
que produit une punition.

Ces deux influences contraires, agissant par
l'effet du contraste avec une double intensité,
devront nécessairement *frapper l'imagination, porter l'esprit à se recueillir, et, par
une logique aussi simple que naturelle, l'a-
mener à comprendre la différence des causes
par la différence des effets.*

Cette expérience une fois acquise, en continuant d'agir par les mêmes moyens, la seule puissance de l'instinct devra suffire pour affermir la volonté dans les devoirs de l'obéissance ; car il ne s'agit en définitive, pour régler, d'après ces données, sa ligne de conduite, que de choisir entre la récompense et le châtiment : ce qui n'est qu'une affaire de sensation.

VI

C'est donc par la combinaison intelligente de ces moyens contraires, *qu'on parviendra à exercer la pensée, à former le jugement, et, peu à peu, à faire concevoir des idées saines et précises du bien et du mal ; à inspirer enfin des sentiments généreux et honnêtes ; toutes choses qui contribueront à refaire le sens moral.* Et dès lors, la raison reprenant son empire, ses bienfaisantes lumières suffiront, dans la plupart des cas, pour achever l'œuvre de moralisation.

VII

Il est encore un moyen puissant, que nous croyons susceptible d'être employé avec un plein succès, même contre les natures les plus rebelles, lorsqu'on a su au préalable se créer les éléments qui doivent servir à le réaliser.

Il s'agit, pour cela, de savoir utiliser les soldats d'élite, dont l'institution, mieux comprise, peut donner les plus heureux résultats. Et dans ce but, il faudra que ces hommes soient organisés ou façonnés de telle sorte, qu'ils réunissent, au plus haut degré, sous les divers rapports de l'adresse et de la vigueur physiques, du caractère, du moral et des sentiments, toutes les qualités et les vertus militaires.

Ce résultat, une fois obtenu, il faut encore, par des satisfactions d'amour-propre, les grandir en considération pour augmenter leur ascendant, et leur donner ainsi le moyen de rallier tous les esprits à la pensée du chef, qui est toujours celle dont ils s'inspirent eux-mêmes, quand on a su, au préalable, gagner leurs sympathies.

VIII

Il est facile de concevoir, en effet, que cette influence directe et permanente, en agissant sur les esprits avec tant de puissance, doit avoir pour première conséquence, *de rendre sans objet les moyens de contrainte;* car il n'est pas admissible que sous une aussi forte pression, et au milieu de l'entraînement général qui en résulte, une résistance isolée ose jamais se produire.

Que si néanmoins, dans un cas particulier à notre type, quelque symptôme dangereux pour la discipline venait à se manifester, et qu'on en fût réduit, *par une nécessité absolue,* à user de moyens exceptionnels, il suffirait assurément, pour anéantir sans retour toute velléité de résistance, *de rendre les soldats d'é- lite solidairement responsables de toute grave infraction à la discipline....* L'expérience nous permet d'affirmer, que le résultat d'une mesure si simple, serait aussi prompt que salutaire et décisif.

IX

Nous n'entrerons pas dans tous les détails de cette importante question, dans la pensée que cet aperçu doit suffire pour parler à l'intelligence des hommes compétents, et leur faire pressentir tout le parti qu'on en peut tirer *avec de la prudence et du savoir-faire.*

Nous ferons remarquer toutefois, que l'application de ce principe peut offrir des difficultés dans l'infanterie, où les soldats d'élite et les simples fusiliers ne relèvent pas du même commandement immédiat; ce qui est peut-être un vice d'organisation; et nous croyons être fondé à dire à ce sujet, sans entrer dans une discussion qui serait étrangère à notre thèse, que les avantages de ce système ne compensent pas à beaucoup près, les inconvénients que nous croyons y reconnaître.

Dans la cavalerie, au contraire, où les soldats de première et de deuxième classe sont confondus dans l'escadron, et se trouvent réunis sous le même commandement, on peut appliquer, sans difficulté, ce principe de discipline, et en tirer le plus grand avantage.

CHAPITRE IV

DU CARACTÈRE FOUGUEUX

I

Nous classons enfin dans la troisième et dernière catégorie, une nature ardente, impétueuse et richement organisée, dont les formes du corps et la finesse des tissus annoncent la vigueur physique, de même que les traits du visage font pressentir l'intelligence et la passion. Un sang riche et généreux fait battre ses artères, répand dans toute l'économie, des principes réparateurs surabondants qui entretiennent le besoin d'action ; et de là, cette puissance de tempérament, où la chaleur et la vie circulent à profusion ; puissance qui se reflète sur la physionomie, fait éclater dans le regard le feu de la passion, et lui donne avec un air de franchise, de hardiesse et de fierté, une suave expression de sympathie et de douceur ; car il faut dire que les qualités du cœur sont inhérentes à cette nature.

II

Toutes ces conditions si avantageuses, réunies dans un même sujet, semblent être destinées à ne produire que la vertu, et pourtant, il est vrai de dire, qu'elles sont bien souvent la cause déterminante du vice. Ce qui s'explique d'ailleurs, par l'excès d'énergie du tempérament qui le pousse invinciblement vers les partis extrêmes : en sorte que, si les circonstances le déterminent au bien, il l'accomplit avec toute l'ardeur de l'enthousiasme, et sa vertu grandit alors jusqu'au sublime. Si, au contraire, il s'engage dans le chemin du vice, une fois entré dans cette voie funeste, il y marche résolument, avec un entraînement qui tient du délire, et bientôt, il en a parcouru tous les degrés. Il possède, en un mot, ce principe de vie et de passions, qui peut pro-duire également selon les circonstances, les grands vices, les grandes vertus ou les grands talents.

III

Il faut donc reconnaître, qu'il n'y a pas de terme moyen pour les hommes de cette trempe : *ils sont fatalement les plus dange-reux dans une troupe, quand ils ne sont pas les plus utiles ;* car le propre des natures fortes, ainsi que le remarque le divin Platon, « est de produire les grands vices comme les » grandes vertus. »

Et de là, nous tirons cette conséquence, que parmi les hommes de cette catégorie, ceux qui restent par choix dans la ligne du devoir, et ceux qu'on y ramène par l'éducation, se recommandent, et par tout le bien qu'ils accomplissent, et par tout le mal dont ils s'abstiennent.

IV

Ces graves considérations démontrent assez, combien il importe de prévenir des égarements si funestes. Dans cette pensée, et pour faire une application judicieuse des moyens, il est nécessaire de remonter des effets qui sont connus, à la cause qui les produit. Or, la peinture que nous avons faite de cette riche et puissante nature, nous indique suffisamment que ces effets ont pour cause une vie surabondante, dont le trop plein produit cette force expansive, qui fait éprouver sans cesse le besoin d'activité, et désirer avec ardeur toutes les jouissances que procurent les sens.

Observons toutefois, que cette exubérance de sève, n'est une cause de perturbation qu'à défaut d'aliment; et s'il était possible

d'absorber, ou mieux encore de dépenser
avec profit ce trop plein qui déborde, il est
évident que la cause ayant disparu, les mêmes
effets cesseraient de se reproduire. Mais, il
faut bien se garder, en pareil cas, de faire
usage des moyens de contrainte, sans une
absolue nécessité : d'abord, par cette raison
péremptoire, que pour convaincre, il faut
persuader, et qu'on n'y parvient jamais par
la violence. En second lieu, que les mesures
de rigueur sur ces natures irritables à l'excès,
produisent d'ordinaire une trop forte impression qui réagit sur le moral, l'ébranle, le sur-
excite et provoque des transports fougueux,
qu'aucun frein ne peut maîtriser. Que cependant, si à la longue on parvient à les dompter,
c'est que l'irritation poussée à l'excès amène la
lassitude, et que les forces s'épuisent, sans
toutefois avoir rien produit, ce qui est un
dommage irréparable ; que par une semblable raison, les facultés s'énervent, faute d'a-
liment, en se repliant sur elles-mêmes, et

qu'enfin par toutes ces causes, qui ont pour effet de détremper les âmes, et de paralyser l'action physique par une sorte de prostration, il reste démontré que la violence, sur ces caractères impétueux et fiers, ne saurait être que funeste.

V

Ce point capital étant établi, il devient facile, par les conséquences qu'on peut déduire de nos prémisses, de résoudre la question proposée. Or, pour nous expliquer à ce sujet, si l'on observe, comme il a été dit ci-dessus, que le vice, dans ce cas particulier, a pour cause un excès d'énergie, et qu'il s'agit pour annuler cette cause, non pas de détruire un élément si précieux, mais de savoir l'utiliser, nous en concluons qu'il ne peut y avoir de remède plus efficace que le *travail !* parce que, de tous les moyens d'émulation, c'est le seul qui soit toujours honorable, salutaire et utile. Et nous entendons par ce mot, indépendamment des devoirs militaires, tous les exercices de corps qui se rapportent à la profession des armes, en y joignant autant qu'il est possible, pour certaines aptitudes, le travail de l'intelligence. (L'enseignement régimentaire , institué sans doute dans cette louable pensée, en offre les moyens, et il ne s'agit que de vouloir utiliser une ressource si précieuse, pour en obtenir d'importants résultats.)

VI

Pour prouver, au surplus, les effets salutaires du travail au point de vue de l'éducation, il suffit de constater, par ses résultats, les bienfaits qu'il procure. Ils consistent : à bannir l'oisiveté qui est une mauvaise conseillère, et qu'on peut regarder comme la mère de tous les vices ; à dépenser avec fruit les forces surabondantes, et, par cela même, à les empêcher de nuire ; à éprouver le corps et à l'endurcir à la fatigue ; à augmenter la souplesse, la vigueur et la dextérité des membres ; à rendre la santé plus robuste, en accélérant toutes les fonctions vitales ; à fortifier enfin le moral, par l'exercice des facultés ; et, conséquemment, à former l'esprit, à tremper le caractère, et à développer tous les généreux sentiments qui ennoblissent le cœur.

Le travail est encore un moyen de faire surgir toutes les aptitudes et les capacités, de constater, par le témoignage des faits, la supériorité du mérite, et de pouvoir ainsi accorder au plus digne, l'avancement et les récompenses. C'est, disons-nous pour nous résumer, une source intarissable, où l'intelligence et la raison, l'action physique et les vertus morales, viennent puiser tous leurs éléments de force et de progrès.

Alexandre, qui en connaissait tout le prix, l'a glorifié en ces termes :

« Rien, a-t-il dit, n'est plus servile que le » luxe et la mollesse, et rien plus royal que » le travail. »

Et Vauvenargues, sur le même sujet, a écrit ces nobles paroles :

« Soyez d'abord par vous-même, si vous
» voulez vous acquérir les étrangers. *Ce n'est*
» *point à une âme courageuse à attendre son*
» *sort de la seule faveur et du seul caprice*
» *d'autrui. C'est à son travail à lui faire une*
» *destinée digne d'elle.* »

VII.

Mais, s'il est vrai que le travail offre tous les avantages que nous venons d'énumérer, ne doit-on pas en conclure qu'il renferme toutes les jouissances de la vie, ou que du moins il y conduit par ses résultats, puisque d'abord il donne le moyen, en améliorant la position et augmentant ainsi le bien-être, de satisfaire tous les besoins physiques ; et qu'il procure, en second lieu, toutes les jouissances morales, comme par exemple : celle qu'on éprouve à l'idée d'une difficulté vaincue, ou même à la seule pensée d'avoir fait son devoir ; le légitime orgueil qu'inspire une supériorité acquise par son moyen, *et prouvée par des faits ;* le contentement de soi-même qui naît de cette pensée, ainsi que de l'estime publique, et enfin, la sensation de plaisir que procurent de justes éloges ; sensation qui devient plus vive encore par l'espoir des récompenses , lorsque le mérite les justifie et qu'elles sont loyalement acquises.

VIII

Tels sont, encore une fois, les résultats que donne le travail, et chacun dans sa sphère, peut y trouver au moins des consolations, si, comme il arrive quelquefois, des déceptions viennent tromper ses espérances les plus légitimes ; car il y a toujours pour l'homme de cœur et de mérite, contre l'injustice qui vient le frapper, une compensation dans les sympathies et l'estime publiques ; et, dans le témoignage de sa conscience, une satisfaction d'amour-propre, qu'aucune puissance ne peut lui ravir.

IX

Mais, s'il en est ainsi, qui donc peut mieux prétendre à tous ces avantages que ces natures d'élite, auxquelles nous avons reconnu les plus brillantes qualités natives? Sans doute, il doit suffire de les leur signaler, en leur donnant l'espoir et le moyen de les posséder, s'ils s'en rendent dignes, pour que ces hommes, impatients de jouir, s'y portent avec toute la fougue de leur tempérament. « Car une âme » généreuse a cela de bon, dit Sénèque, » qu'elle se sent animée lorsqu'on lui pré- » sente ce qui est honnête. »

Mais, pour qu'il en soit ainsi, il faut bien les convaincre *par le langage des faits*, et non par de trompeuses paroles, que cet espoir n'est point illusoire, et qu'il n'y a pas de droits légitimes en dehors du mérite et de la vertu.

« La nature, dit Montesquieu dans cette
» pensée, est juste envers les hommes : elle
» les récompense de leurs peines; elle les
» rend laborieux, parce qu'à de plus grands
» travaux elle attache de plus grandes ré-
» compenses. Mais, si un pouvoir arbitraire
» ôte les récompenses de la nature, on reprend
» le dégoût pour le travail, et l'inaction paraît
» être le seul bien. »

X

On observera, d'un autre côté, que ces mêmes hommes sont très-chatouilleux à l'endroit de l'amour-propre, et si l'on réussit à le mettre en jeu sans le blesser, ce qui n'exige que du savoir-faire, on aura bientôt fait naître l'émulation, qui est un des plus puissants mobiles du cœur humain, et avec elle on peut tout espérer.

XI

On remarquera également que, par un effet de leur nature impressionable, ils sont très-avides d'éloges, et bien-souvent, en leur insinuant avec adresse, qu'on a conçu à leur égard une opinion avantageuse, ils s'efforceront de bien faire, ne fût-ce que pour la justifier. « Le désir de mériter les louanges » qu'on nous donne, dit en ce sens La Ro- » chefoucauld, fortifie notre vertu ; et celles » que l'on donne à l'esprit, à la valeur, etc., » contribuent à les augmenter. »

Nous aimons encore à reproduire sur le même sujet, pour donner plus de force à notre pensée, ces éloquentes paroles de Xénophon :

« Vous avez pénétré vos âmes, dit-il, de » cette noble passion qui fait les guerriers, » puisque vous aimez la louange avant tout : » Or, les hommes sensibles à la louange

» vont au-devant de ce qui la procure, et
» supportent pour elle, avec joie, les fatigues
» et les dangers. »

Nous ajouterons que, si la louange est un stimulant des plus énergiques, c'est à la condition de lui conserver tout son prestige, en la distribuant avec délicatesse et sobriété ; car elle perd toute sa vertu, alors qu'elle devient grossière et triviale, ou qu'on la prodigue sans mesure ni discernement.

XII

Disons enfin, pour conclure, qu'il existe ordinairement chez ces mêmes hommes, une fibre toujours sensible, qui est celle de l'honneur ! Si on connaît le secret de la faire vibrer, on aura découvert une voie sûre, pour pénétrer jusqu'à l'entendement, et la raison venant alors se substituer à tous les moyens accessoires, son action forte et persuasive achèvera sans peine l'œuvre si méritoire et si difficile qu'on s'était proposée,

CHAPITRE V

RÉSUMÉ SUR L'ÉDUCATION

I

Nous venons de faire connaître, par l'examen de nos caractères types, les plus graves difficultés du commandement, la cause qui les produit, les effets pernicieux qu'elles peuvent avoir, et enfin le moyen de les vaincre ou de les prévenir. Or, la-possibilité de ces résultats, si toutefois nous avons réussi à la démontrer, étant en outre fondée sur l'expérience, nous sera-t-il permis de croire que les moyens proposés pour les obtenir, sont au moins un acheminement vers un meilleur système ?

Quel que soit leur mérite d'ailleurs, toujours est-il que leur succès dépend surtout de l'usage qu'on en sait faire; car, pour nous servir d'une comparaison qui reproduise exactement notre pensée, supposons un cavalier qui possède la théorie de l'équitation; sans avoir comme praticien, l'intelligence de son art, et que, par exemple, pour faire l'éducation d'un cheval fougueux, irritable et plein d'énergie, il procède, avec irrésolution et timidité, et commette surtout la faute irréparable de céder sur une résistance. Ou bien encore, qu'il l'attaque brutalement et provoque ses défenses, sans autres motifs que de les combattre, par sa vigueur physique et autres moyens violents.

II

Dans le premier cas, il est certain que la crainte puérile du cavalier, l'obligera à faire

des concessions, qui agiront d'une manière
bien funeste sur le moral de son élève ; car
celui-ci, dès lors qu'il aura résisté une première fois avec succès, cherchera par toutes
les défenses possibles, à se soustraire à l'o-
béissance ; et bientôt, en continuant le même
système de concessions, on le rendra complétement rétif.

III

Dans le deuxième cas, nous disons qu'on
parviendra au même résultat, en irritant son
caractère ; ou bien encore, si, contre toute
prévision, on réussissait à le rendre docile et
obéissant, ce serait tout au moins, au préjudice de sa vigueur qu'on aurait dépensée en
pure perte. Et son complet épuisement, ou
son usure prématurée, en serait la conséquence inévitable.

IV

Si, au contraire, nous admettons comme

dernière hypothèse, un cavalier habile, qui connaît avec la plus grande précision, et la résistance qu'il rencontrera dans son élève, et le degré d'action qu'il peut lui opposer; il agira toujours d'après des données positives, qui lui permettront de calculer ses effets, et de ménager ses exigences, de manière à ne jamais sortir des limites du possible. Il arrivera ainsi, peu à peu, à le soumettre entièrement à sa volonté, sans jamais s'exposer à recevoir le moindre échec. Mais, encore une fois, faut-il lui supposer cette délicatesse de tact, qui sait prévenir ou annuler au besoin toutes les défenses, par d'adroites oppositions.

Tout ce secret, d'ailleurs, qu'il importe tant de connaître, consiste à mettre l'animal dans une position telle, que l'obéissance lui étant beaucoup plus facile que la résistance, il réponde sans effort à l'action qui le sollicite. Par ce moyen, le cavalier étant parvenu à paralyser sa volonté et à s'emparer de ses

forces, peut les diriger de la manière la plus
favorable à son instruction et à son développement physique.

V

Or, si l'on veut y réfléchir, on reconnaîtra
que tous ces effets se produisent chez
l'homme, d'une manière identique : c'est-à-
dire, que la cause de son indocilité ou des
travers qui égarent sa raison, est presque
toujours due, soit à son ignorance, soit à l'in-
habilité du commandement, et nous avons la
ferme croyance que les natures les plus rebelles, *sans aucune exception,* se soumettront
volontairement à toutes les exigences de la
discipline, si l'on sait les éclairer et les conduire : c'est-à-dire, les commander avec dignité, intelligence et sollicitude.

VI

Nous n'avons parlé, jusqu'ici, que des seuls

types d'imperfections, qui sont heureusement bien rares, tandis qu'il existe en bien plus grand nombre, des caractères vicieux à différents degrés, qui peuvent tous être classés dans l'une ou l'autre de nos trois catégories. Or, il est admis qu'en toutes choses, *qui peut le plus peut le moins*. Donc, il nous est permis d'établir, en nous fondant sur cet axiôme, que si nos préceptes d'éducation peuvent agir avec succès contre les plus grands vices, à bien plus forte raison, pourront-ils surmonter des difficultés accessoires qui sont de même nature, mais un diminutif des précédentes, et cela par la pratique des mêmes moyens, en observant seulement de les modifier, selon que les caractères soumis à leur action, auront plus ou moins d'analogie avec les types que nous avons définis.

VII

En résumé, l'éducation militaire des indi-

vidus, ayant pour objet principal de constituer
une bonne troupe, on s'efforcera dans ce but,
de réunir dans une même aspiration les éléments divers qui la composent, pour en
former un tout homogène, ne s'inspirant que
de la volonté du chef et de son esprit; faisant
converger tous ses efforts vers le même but,
qui est l'intérêt et la gloire du pays, et riva-
lisant d'émulation pour l'atteindre.

VIII

Mais, pour former un ensemble si compacte,
qui confonde en une seule toutes les volontés,
il faut d'abord, comme nous l'avons établi,
exercer sur les esprits l'ascendant du mérite,
gagner les cœurs par la sympathie, faire naître
la confiance en respectant les droits de chacun,
et se conformer, dans tous ses actes, à la pensée
de cette maxime : *qu'une troupe n'appartient
pas à son chef, mais bien au contraire, que
le chef appartient à sa troupe!* maxime qui

porte avec elle, l'obligation rigoureuse de pratiquer la justice, de sauvegarder tous les intérêts, et d'agir sans cesse à l'égard de ses subordonnés, avec une sollicitude toute paternelle qui permette de dire, à l'exemple de Napoléon Ier : « *Tous ceux que je commande* » *sont mes enfants.* »

IX

Il faut encore, disons-nous, leur faire partager ses propres idées, en leur attribuant une juste part de mérite dans les résultats qu'elles produisent, et les associer ainsi à son œuvre, par le lien de la solidarité : lien puissant qui flatte leur orgueil, stimule leur amour-propre, confond tous les intérêts, et réalise, en un mot, cette pensée féconde et sublime, renfermée dans ces paroles du divin Pascal : « *il* » *faut être tout à tous.* »

X

Disons enfin que le chef, pour élever les âmes à la hauteur des sentiments qu'il professe et les faire partager, ne doit parler à ses subalternes que le langage du cœur et celui de la raison : il doit surtout les passionner pour la gloire, les grandir sans cesse à leurs propres yeux, en les traitant comme des hommes, et former, en effet, des hommes solides par la trempe de l'âme et la vigueur du poignet ; des hommes pleins de confiance en eux-mêmes et dans celui qui les commande, et chez lesquels le sentiment du devoir, la passion de la gloire, les préceptes de la vertu et de l'honneur, soient partout et toujours le souverain mobile qui règle leur conduite, en inspirant toutes leurs actions.

XI

A ces conditions seulement, nous disons

que le ministère du chef sera dignement rempli, et qu'il aura mérité l'honneur insigne de commander à des hommes !

Viennent alors les circonstances, et l'on verra ce qu'il est possible de faire avec des éléments formés à pareille école.

LIVRE IV

DU MORAL.

LIVRE IV

DU MORAL.

I

Les questions que nous allons traiter dans ce quatrième livre, sont des conséquences qui découlent du livre précédent, et le complément indispensable des matières qu'il renferme. Elles se rattachent à une idée générale qui a pour titre *le moral*, et ont pour objet d'expliquer à ce point de vue le mécanisme, le jeu et les effets des passions.

II

Pour ce qui est du moral, tout militaire qui a réfléchi sur son art, convient qu'il joue le premier rôle à la guerre ; car c'est de lui qu'émanent les qualités essentielles du soldat et parmi elles le courage, « seule vertu, » dit Homère, qui ait des mouvements » d'un enthousiasme divin et de délire. » Et selon Xénophon, « qui décide du sort des » combats bien plus que la force. »

C'est le moral, d'ailleurs, qui fait la force d'une troupe, puisque lui seul, par son influence absolue sur les agents physiques, a le pouvoir de la développer.

C'est pourquoi, nous disons qu'une troupe douée d'un moral solide, marche presque toujours à une victoire certaine ; tandis qu'au contraire, celle qui en est dépourvue, est déjà vaincue avant de combattre. Et la preuve de cette vérité, soit qu'on la demande à l'histoire, soit qu'on la déduise du raisonnement, est si évidente et si forte, qu'il serait superflu d'en chercher la démonstration : pour tout homme compétent, cette vérité est un axiôme, et un axiôme ne se démontre pas.

« Achille, dit Napoléon Ier à l'appui de
» notre assertion, était fils d'une déesse et
» d'un mortel : C'est l'image du génie de la
» guerre. La partie divine, c'est tout ce qui
» dérive des considérations morales du ca-
» ractère, du talent, de l'intérêt de votre
» adversaire, *de l'opinion, de l'esprit du*
» *soldat qui est fort et vainqueur, faible et*
» *battu selon qu'il croit l'être.* »

III

Mais de ce que le moral a tant d'influence
sur la valeur d'une troupe, il doit s'ensuivre
qu'un chef ne saurait trop le fortifier parmi
les hommes qu'il commande. Or, les moyens
d'y parvenir résident principalement :

1° Dans tous les exercices de corps et notamment dans celui de l'escrime, en ce sens,
qu'il augmente la confiance en développant
la vigueur physique, ainsi que la souplesse et

la dextérité des membres. Nous en avons précédemment déduit les raisons.

2° Dans le bon esprit d'une troupe, ou,
plus exactement, dans *son esprit militaire;*
disposition qui établit la bonne harmonie, fait
naître l'émulation en excluant la rivalité, et
permet ainsi à chacun, de pouvoir compter
en toutes circonstances, avec une confiance
illimitée, sur le concours dévoué de tous. (La
gaîté française favorise singulièrement, dans
une troupe, le progrès de cet esprit : elle
prouve d'abord son existence, en se manifestant elle-même, et peut aussi en être regardée
comme le thermomètre; de même que la
tristesse est le signe certain et la mesure
exacte du mauvais esprit.)

3° Dans le jeu des passions, qui fait naître
les plus ardents désirs, grandit les sentiments
et la pensée, développe, par conséquent, les
facultés ou forces morales, et donne ainsi à
la volonté une puissance invincible.

IV

Nous allons examiner successivement ces différentes questions, en nous bornant toutefois, en ce qui concerne les passions, à l'examen de celles qui intéressent plus particulièrement notre sujet ; examen qui suffira pour expliquer le mécanisme des autres, et donnera le moyen de les diriger toutes, conformément au vœu de la nature, pour que l'usage en soit toujours moral, honorable et utile.

CHAPITRE IER

DE L'ESCRIME CONSIDÉRÉE PAR RAPPORT A SON INFLUENCE
SUR LE MORAL D'UNE TROUPE

I

L'escrime, dont nous avons déjà expliqué succinctement les salutaires effets, exerce la plus heureuse influence sur le moral d'une troupe ; et c'est particulièrement à ce point de vue, que nous allons examiner cette question, pour en tirer d'utiles conséquences. Nous observerons toutefois, que cette influence est particulièrement remarquable dans la cavalerie, à cause de son genre de tactique.

C'est donc dans les rapports de l'escrime

avec cette arme, que nous allons chercher la preuve de notre assertion.

II

On sait que la cavalerie est une arme essentiellement mobile , dont toute la force réside dans cette mobilité même, dans l'exécution rapide et pourtant correcte de ses manœuvres, dans l'ensemble du choc qui augmente son impulsion et lui donne une puissance irrésistible, et nous ajoutons enfin, en vue de notre sujet, dans la dextérité avec laquelle le cavalier manie *son cheval et ses armes*.

III

Disons aussi dans la même pensée, que le courage, bien qu'il soit pour tout homme de guerre un élément essentiel, est néanmoins pour la cavalerie d'une nécessité plus indispensable, et la raison en est, qu'elle ne combat

jamais à distance comme l'infanterie et l'artillerie, avec des armes à longue portée, et
qu'elle voit ainsi le danger de plus près ; car
son genre d'attaque consiste invariablement
— sauf bien entendu les affaires de détail —
à s'élancer sur son adversaire avec impétuo-
sité, à rompre son ordonnance par l'effet du
choc, et à le joindre ensuite corps à corps,
pour le combattre à l'arme blanche.

D'où il résulte, que toute rencontre entre
deux masses de cavalerie, se termine inévita-
blement par la mêlée ou le combat individuel ;
et dans ce cas, toutes choses d'ailleurs étant
égales de part et d'autre, à l'exception seulement de l'adresse sur les armes, il est indubi-
table que la victoire doit appartenir à celui
des deux partis qui se montrera supérieur en
ce point.

IV

Il est, par conséquent, de toute évidence,
qu'un corps de cavalerie en possession de cet

avantage, doit bientôt acquérir sur un adversaire qui en a éprouvé les effets, une incon-
testable supériorité ; et si l'on observe que le
sentiment bien établi de cette supériorité, en
agissant sur le moral augmente la confiance
et fortifie le courage, on conviendra sans
difficulté que tous ces avantages réunis, sont
au moins des garanties sérieuses pour le succès
d'une charge ; car il est évident, en raisonnant toujours d'après le cœur humain, que le
cavalier qui les possède ne redoute nullement
de joindre son ennemi corps à corps, tandis que
celui-ci, moins favorisé sur ce point, craindra
toujours une rencontre qui doit amener un
genre de combat, dans lequel il est inférieur
à son adversaire. En sorte que la confiance
diminue d'un côté à mesure qu'elle augmente
de l'autre, et, de conséquence en conséquence,
on en vient à ce résultat final, qui n'a rien
d'exagéré si l'on veut y réfléchir, savoir :
qu'une cavalerie composée d'hommes éprou-
vés, qui joignent à l'adresse, à la vigueur et

à l'agilité du corps, un moral solidement
trempé, toutes choses qui sont pour une bonne
part le résultat de l'escrime, doit bien souvent, si on en sait profiter, donner la victoire
à son parti et la rendre décisive ; car il est
prouvé par l'expérience, que sa réputation
une fois établie, elle n'a qu'à se montrer un
jour de combat, pour frapper son adversaire
de stupeur et lui interdire l'entrée du champ
de bataille. Que si, néanmoins, il était assez
téméraire pour oser la braver, nous pensons
qu'une simple démonstration, ou une charge
tout au plus, devra suffire pour le culbuter et
le faire disparaître.

Devenant alors entièrement libre de ses
mouvements et maîtresse absolue du champ
de bataille, elle peut, à l'exemple de Condé à
la journée de Rocroy, et de Frédéric II à celle
de Prague, tourner tous ses efforts contre
l'infanterie mise à découvert et livrée à elle-
même, la prendre à dos et à revers, pendant
qu'elle est tenue en échec sur son front par

des troupes de son arme ; et l'on devine quel
doit être le résultat de cette triple attaque,
si, comme il faut l'admettre *à priori*, elle est
conduite avec intelligence et vigueur.

V

Donc, sans qu'il soit besoin de l'examiner
sous d'autres points de vue, constatons que
l'escrime, que nous regardons comme très-
utile aux soldats de toutes armes, est surtout
pour le cavalier, une des parties les plus essentielles, et le complément indispensable de
son instruction. — Nous ne parlons pas de
l'équitation, dont le sujet est étranger à notre
thèse.— Mais s'il en est ainsi, il est évident
qu'on ne saurait trop en propager l'usage, et
l'on serait coupable d'avoir négligé pendant
les loisirs de la paix, un moyen de succès si
puissant pour la guerre. On regretterait alors
sans doute, ces moments si précieux qu'on a
dépensés sans profit, à certains détails qui ne

servent qu'à dégoûter et abrutir les hommes,
au lieu de les préparer aux rudes travaux de
la guerre et aux épreuves de la fortune, en
fortifiant tout à la fois, les unes par les autres,
leurs facultés physiques et morales.

VI

Ecoutons sur cette question, l'opinion d'un
écrivain célèbre dans l'antiquité, qui fut en
même temps un intrépide soldat, et dont les
réflexions judicieuses, ont encore aujourd'hui
tout le mérite de l'actualité. L'historien
Josèphe, qui est cet écrivain, s'exprime en
ces termes :

« Si l'on considère, dit-il, quelle étude les
» Romains faisaient de l'art militaire, on
» conviendra que la grande puissance à la-
» quelle ils sont parvenus, n'est pas un présent
» de la fortune, mais une récompense de leur
» vertu. Ils n'attendaient pas la guerre pour
» manier les armes ; on ne les voit pas, en-

» dormis dans le sein de la paix, ne com-
» mencer à remuer le bras, que quand la
» nécessité les réveille ; comme si leur armes
» étaient nées avec eux, comme si elles fai-
» saient partie de leurs membres, jamais ils
» ne font trève aux exercices ; et ces jeux
» militaires sont de sérieux apprentissages
» des combats. Tous les jours, chaque soldat
» fait des épreuves de force et de courage ;
» aussi les batailles ne sont-elles pour eux
» rien de nouveau, rien de difficile, et la
» fatigue n'épuise jamais leurs forces. Ils
» sont sûrs de vaincre, parce qu'ils sont sûrs
» de trouver des ennemis qui ne leur res-
» semblent pas ; et l'on pourrait dire, sans
» craindre de se tromper, que leurs exercices
» sont des combats sans effusion de sang, et
» leurs combats de sanglants exercices. »

CHAPITRE II

DE L'ESPRIT MILITAIRE

I

« Pour avoir une excellente armée, dit
» Guibert, il faut avant tout qu'elle ait un
» esprit militaire ; que si cet esprit est affaibli
» dans une nation, il faut qu'il se retrouve
» et se conserve dans son armée ; que ce
» doit être un des soins les plus importants
» du gouvernement, que c'est le feu sacré
» qu'il doit entretenir ; car ce feu une fois
» éteint, c'en est fait de Rome et de ses
» destinées. »

II

Pour bien saisir la portée de ces remarquables paroles, il faut pouvoir apprécier toute l'importance de l'esprit militaire, et connaître à cet effet le mode d'action qui lui est propre.

Nous disons pour répondre à cette question, que l'organisation humaine se compose de deux éléments, *le moral et le physique*, qui sont indispensables l'un à l'autre, et se combinent ensemble pour produire l'action..

Le premier est le principe actif, qui remplit le rôle d'agent moteur, et produit, par conséquent, en dehors des fonctions vitales, le jeu du mécanisme humain.

Le second, qui lui est subordonné, est un agent passif. Il est mis en action par le précédent, et sa puissance est nécessairement égale à l'impulsion donnée par celui-ci : c'est-à-dire que chez l'individu aussi bien que dans

une troupe, la vigueur physique ne se développe qu'en raison de la force morale qui la
sollicite ; et comme le moral procède lui-
même de l'esprit, il s'ensuit que le physique,
par ses rapports intimes avec le moral, relève
indirectement du même principe et en subit
toute l'influence. Ce qui nous amène à conclure, que la force et la qualité d'une troupe
résident essentiellement dans l'esprit qui
l'anime.

III

Que si cet esprit est mauvais, il y a diver-
gence dans les opinions, ce qui produit l'antagonisme, engendre la défiance, fait naître
la discorde, affaiblit le moral, et relâche
ainsi le ressort qui doit imprimer l'action aux
agents physiques.

Si, au contraire, cet esprit est bon, toutes
les forces et les volontés étant mues par une
pensée unique, se confondent dans une même
aspiration, la confiance renaît, la bonne har-

monie s'établit, le moral se fortifie et l'action physique grandit dans le même rapport.

IV

Le bon esprit est, par conséquent, la source des plus belles actions. « Il nous découvre » notre devoir, dit La Bruyère, notre enga- » gement à le faire ; et, s'il y a du péril, » avec péril : il inspire le courage ou il y » supplée. »

Quant aux moyens de le faire naître ou de l'entretenir et de le faire progresser, ils résident selon nous :

1° Dans l'esprit de justice qui doit présider à tous les actes du commandement.

2° Dans l'observation intelligente et rigoureuse de ses devoirs ;

3° Dans le jeu des passions et leur habile direction ;

4° Dans la pratique de l'escrime, telle qu'on peut la comprendre parmi des hommes civilisés, et non selon les habitudes féroces des temps barbares ;

5° Dans l'application judicieuse de tous les préceptes d'éducation, de discipline et d'autorité que nous avons développés dans le cours de cet ouvrage ;

6° Dans le respect des bonnes traditions, et le mépris de tout ce qui peut avilir le caractère.

V

Il existe enfin, par-dessus toutes ces règles et conjointement avec elles, un principe général de la plus haute importance, qui devrait sans cesse inspirer la conduite du chef, car son influence est de tous les instants, et, selon qu'on l'observe ou qu'on le néglige, l'esprit militaire se fortifie ou tombe en désuétude.

Ce principe consiste à ne jamais perdre de vue en temps de paix, *que le soldat doit être fait pour la guerre ;* et conséquemment, tout ce qui a rapport à son organisation, à son instruction, à son éducation, à ses habitudes, à son esprit, doit être dirigé vers ce but.

Or, à bien considérer certains petits détails que la routine a introduits; comme, pour citer un exemple, cette uniformité poussée jusqu'à l'exagération — il est bien entendu que nous ne blâmons ici que l'abus et non pas la chose elle-même — à laquelle on sacrifie tant d'efforts d'imagination, une main d'œuvre considérable et un temps si précieux; uniformité qui tourmente si mal à propos les intelligences étroites, comme jadis les imitateurs ridicules du grand Frédéric, qui attribuaient les succès de l'armée prussienne à la coupe de ses habits, ou bien encore à la prétendue invention de l'ordre oblique, et nous conduisaient ainsi, par des détails de toilette, aux résultats si connus de la guerre du Hanovre. Cette uniformité, disons-nous, poussée à cet excès où on la voit trop souvent, peut-elle avoir un but d'utilité pour la guerre où forcément elle cesse d'exister ?... Non-seulement elle n'est pas utile, mais nous pensons encore qu'elle est nuisible sous plusieurs rapports : d'abord à cause du temps qu'on y dépense pour l'obtenir, et qui doit alors faire défaut, surtout dans la cavalerie, pour les objets vraiment utiles; ensuite, parce qu'elle est une source de punitions sans motifs et sans but raisonnables; qu'elle est antipathique au caractère impressionnable et mobile du soldat français; que si elle dégénère en système de routine, elle a encore pour effet de fausser le jugement, en détournant l'attention des choses sérieuses, pour le porter avec une application ridicule sur des objets sans importance, et qu'enfin, en suivant ce système jusqu'à ses dernières conséquences, on en vient à convertir en automates les natures les mieux organisées.

—

VI

De tout temps, les penseurs judicieux qui ont médité sur ces graves questions, ont prononcé l'anathème contre la routine et les préjugés. Guibert est de ce nombre, et ses paroles qui sont un enseignement, peuvent encore à certains égards trouver leur application, et nous les citons pour conclure sur notre sujet.

« Qu'il y a loin, dit cet écrivain, de cette
» misérable routine à un système d'éducation
» militaire, qui commencerait par fortifier et
» assouplir le corps du soldat, qui lui appren-
» drait ensuite à manier ses armes, à se livrer,
» dans l'intervalle de ces exercices, et comme
» par délassement, à des jeux propres à entre-
» tenir sa force et sa gaîté !. . . . . . .

. . . .

« Il faudrait, ajoute-t-il plus bas, que les

» exercices de corps fissent une partie consi-
» dérable de l'instruction du soldat .   .   .

.   .   .   .

» Si l'on me dit que nos exercices actuels les
» occupent déjà assez, je répondrai que c'est
» parce que notre prétention de précision et
» de perfection, sur beaucoup de points, est
» minutieuse et ridicule. Je répondrai encore
» que la preuve que nos soldats ne sont pas
» assez occupés, c'est que pour remplir, dit-
» on, leur temps, on a créé une tenue, qui
» leur fait passer trois heures par jour à leur
» toilette, qu'on en fait des polisseurs, des
» vernisseurs, tout, en un mot, hormis des
» gens de guerre. »

CHAPITRE III

DE L'HONNEUR

I

L'honneur est une sublime conception de l'esprit humain; une sorte de contrat social dont les clauses, tacitement convenues et sanctionnées par l'usage, sont écrites dans la conscience publique. Son autorité une fois établie, il ne relève que de lui-même et son empire est absolu : de telle sorte, qu'il règne arbitrairement sur l'opinion publique, à laquelle il s'est imposé par la force de l'habitude; agit comme régulateur suprême dans tous les actes de la vie, et détermine à cet effet, selon qu'on observe ses lois ou qu'on les transgresse, la part qu'on a méritée, de gloire, de considération, d'estime, ou le degré de honte, d'opprobre et d'infamie.

II

On voit, d'après cette définition, que l'honneur est un frein pour le vice et un stimulant pour la vertu. Ce qui en fait un mobile puissant, qui anoblit le caractère et devient la source des plus belles actions, en élevant jusqu'à l'héroïsme le sentiment du devoir.

Il faut pourtant reconnaître que ses lois, comme tout ce qui est l'œuvre de la conception humaine, n'ont pas toujours été conformes à la saine raison ; que l'ignorance et le caprice, en altérant leur caractère, en ont fait quelquefois un absurde préjugé, qui a été ridicule ou barbare, selon les temps et les lieux, les circonstances et les hommes.

Montesquieu, dit à ce sujet, en observant
que ce qui est n'est pas ce qui doit être, que
l'honneur a ses règles suprêmes, auxquelles
l'éducation est obligée de se conformer. Les
principales sont, d'après cet auteur, « qu'il
» nous est bien permis de faire cas de notre
» fortune ; mais qu'il nous est souveraine-
» ment défendu de faire aucun cas de notre
» vie.

» La seconde est que, lorsque nous avons
» été une fois placés dans un rang, nous ne
» devons rien faire ni souffrir qui fasse voir
» que nous nous tenons inférieurs à ce rang
» même.

» La troisième, que les choses que l'hon-
» neur défend sont plus rigoureusement dé-
» fendues, lorsque les lois ne concourent
» point à les proscrire, et que celles qu'il
» exige, sont plus fortement exigées lorsque
» les lois ne les demandent pas. »

III

Il résulte de cet exposé, que sous le même titre on désigne deux choses contraires, le bien et le mal, le vice et la vertu, la vérité et l'erreur, qui s'excluent mutuellement comme absolument inconciliables.

Donc l'honneur, ne saurait exister de ces deux différentes manières qui sont la négation l'une de l'autre. Et comme néanmoins ce fait, tout bizarre qu'il est, a été consacré par l'usage, c'est à la raison qu'il appartient d'en faire justice.

En conséquence, pour trancher une question que le bon sens a déjà résolue, nous établissons qu'il existe *un vrai et un faux honneur*. Ce dernier suppose toujours le vice ou la folie, et nous le rangeons parmi les erreurs les plus grossières qui aient égaré l'esprit humain. Le premier au contraire, qui est inséparable de la vertu, est la loi souve-

raine de tous les nobles cœurs, et nous le
proclamons hautement avec un auteur contemporain, comme le type de ce qui est beau,
grand, juste et parfait.

IV

Nous observons d'ailleurs que chez les
Romains, où l'on professait jusqu'au fanatisme
le culte de l'honneur, on en avait tout à la
fois les idées les plus fortes et les plus saines;
et la preuve en est qu'en le divinisant, on
avait placé son temple après celui de la vertu;
en sorte que pour y pénétrer, il fallait inévi-
tablement passer par celui-ci; ce qui était
une manière allégorique de rappeler sans
cesse, qu'on ne pouvait parvenir à l'honneur
qu'en suivant le chemin de la vertu, et que
nécessairement ses préceptes, intimement liés
à celle-ci, participaient de son essence et de
tous les caractères qui la distinguent.

Aussi la grandeur de ce peuple, qui est le

résultat d'une volonté forte et d'un patriotisme ardent, est due principalement à l'influence de ce principe, qui pouvait seule, en
élevant les cœurs au niveau de sa vaste pensée, donner à ses convictions cette puissante
énergie.

C'est en ce sens que Plutarque a dit de ce
même peuple : « que pour devenir le maître
» de tous les peuples et le plus grand, il se
» faisait lui-même l'esclave de la vertu et de
» l'honneur ! »

V

Il est donc vrai de dire que l'honneur, dans
sa véritable acception, est inséparable de la
vertu ; que celle-ci conjointement avec la
raison, doit seule en poser les limites, et qu'il
doit être enfin, dans ces conditions, le principal
mobile du commandement.

CHAPITRE IV

DE L'ÉMULATION ET DU PELOTON MODÈLE

———

I

L'émulation est un sentiment noble, loyal et courageux, qui agit fortement sur la volonté, la détermine à poursuivre un but toujours louable, bien qu'il suppose un antagonisme, et cela avec l'espoir et l'ardent désir d'égaler son modèle, ou même de le surpasser.

———

II

Il est évident, d'après cette définition, que l'émulation doit être un des plus puissants leviers du commandement, et le chef qui sait la faire naître parmi ses subordonnés, a résolu un des problèmes les plus difficiles dans son art, et l'un des plus féconds par ses résultats, car il a pour objet de passionner pour le bien, de mettre en jeu, pour l'accomplir, toutes les aptitudes, et de faire surgir, par ce moyen, toutes les capacités. Ce qui est à la fois une œuvre méritoire, bienfaisante et utile. « Com-
» bien y a-t-il d'hommes, dit Fénelon dans
» cette pensée, qui languissent dans une oisi-
» veté obscure, et qui deviendraient de
» grands hommes, si l'émulation et l'espé-
» rance du succès les animaient au travail?

. . . .

» Combien y a-t-il d'hommes, ajoute-t-il,

» encore, que la misère et l'impuissance de
» s'élever par la vertu , portent à s'élever
» par le vice ? Si donc, vous attachez les ré-
» compenses et les honneurs au génie et à la
» vertu , combien de sujets se formeront
» d'eux-mêmes ? »

III

Ce secret de disposer les esprits par choix,
aux choses grandes et honnêtes, réside en
grande partie dans la connaissance du cœur
humain, et nous avons déjà expliqué de notre
mieux le moyen de l'acquérir. Mais comme
la spéculation qui se borne à discuter des
principes, ne peut s'étendre à tous les détails
de l'application, c'est d'abord à l'intelligence
du chef qu'il appartient d'y suppléer. Toutefois,
pour rendre sa tâche plus facile dans ce cas
particulier, nous allons proposer un moyen
pratique d'un usage bien simple et pourtant

très-efficace, s'il nous est permis d'en juger par notre propre expérience. Il est fondé sur ce principe : *que la droiture et la moralité étant la base essentielle du commandement, la publicité de ses actes, en tout ce qui concerne les droits des subordonnés, en est la conséquence nécessaire.*

IV

Donc, pour remplir cette intention, aussi bien que pour offrir un stimulant capable d'exciter le zèle, l'activité, l'émulation, nous proposons d'instituer un peloton modèle dans chaque fraction de troupe, constituée sous le titre de compagnie, escadron ou batterie. Les militaires de tous grades, jusques et y compris le maréchal-des-logis-chef ou sergent-major, seraient susceptibles d'y être admis. Mais pour obtenir cette distinction, il faudrait être l'objet d'un choix, qui serait justifié par certaines conditions reconnues indispensables ; et à cet effet, un tableau conforme au modèle ci-après, serait établi et mis en évidence, pour être tenu constamment sous les yeux des postulants.

MODÈLE DU TABLEAU.

PELOTON MODÈLE.

Les militaires de tous grades qui font partie du peloton modèle, doivent remplir toutes les conditions mentionnées dans le tableau N° 2.

TABLEAU N° 1.

NOMS.	GRADES.	NOMS.	GRADES.	NOMS.	GRADES.	NOMS.	GRADES.

LISTE D'ÉMULATION.

Conditions à remplir pour faire partie du peloton modèle.

TABLEAU N° 2.

Numéros Matricules.	NOMS.	GRADES.	ESCRIME.					Conduite.	Tenue.	Pansage.	Masse individuelle minimum 10 fr.	Paquetage.	Équitation.	Détails du service.	Gymnastique.	Voltige.	Tir.		
			Pointe.	Cre-Pointe.	Canne.	Lutte.	Chausson.												

V

Ce tableau est divisé en deux parties :

La première, désignée par l'expression de *Peloton modèle*, est destinée à recevoir les noms des militaires de tous grades qui ont été admis dans cette catégorie.

La deuxième, sous le titre de *Liste d'émulation*, comprend le contrôle de l'escadron par rang de grade et d'ancienneté, et de plus, un nombre de colonnes égal à celui des conditions exigées pour être admis au peloton modèle.

VI

A mesure qu'un candidat remplit une des conditions stipulées dans ce deuxième cadre, on l'indique par une unité placée en regard de son nom, dans la colonne correspondante à cette condition ; et, lorsque toutes les colonnes ont été remplies de la même manière, le candidat est proclamé — au besoin par la voie de l'ordre — membre du peloton modèle, et son nom est alors inscrit sur la première liste, à son rang d'admission.

Il va sans dire que pour faire ambitionner cette distinction, il faut lui donner de l'importance par certaines prérogatives qui flattent l'amour-propre et procurent en même temps quelques avantages de position.

VII

Le peloton modèle a d'abord pour objet de former des soldats accomplis, qui réunissent au degré le plus éminent, toutes les conditions désirables dans un soldat d'élite et puissent devenir comme tels, ainsi que nous l'avons expliqué dans un autre chapitre, les instruments dociles de la volonté du chef et ses puissants auxiliaires.

VIII

D'un autre côté, si l'on observe, en vertu d'un principe établi, *que celui qui commande ne peut être, sous aucun rapport, inférieur à celui qui obéit*, il s'ensuit qu'il doit posséder, avec les connaissances requises pour le commandement, toutes les qualités militaires que nous attribuons au soldat d'élite ; et, par conséquent, les épreuves du peloton modèle, sont encore à ce point de vue un excellent moyen d'appréciation, qui permet de juger à certains égards, pour tous les grades inférieurs, de l'aptitude des candidats. En sorte que la religion du chef, au moyen de cette épreuve, étant suffisamment éclairée, il ne lui reste plus qu'à vouloir être juste, pour que son choix tombe toujours sur le plus digne.

Et, pour suivre ce raisonnement jusqu'à ses dernières conséquences, nous ferons observer d'abord que les capacités et les talents en tous genres, ne font jamais défaut dans une troupe, lorsqu'on s'applique à les récompenser ; en second lieu, que si les premiers grades, conformément a ce principe, sont exclusivement accordés aux plus méritants, et qu'on observe toujours la même règle, en procédant par voie d'épuration, à mesure qu'on s'élève dans l'échelle hiérarchique, il s'ensuivra que les médiocrités devront forcément s'arrêter aux premiers échelons, et qu'on ne sera pas exposé à les retrouver plus tard dans les grades supérieurs ; ce qui serait une vraie calamité, car c'est toujours par elles, ainsi que nous allons le prouver dans le chapitre suivant, que se perpétue l'ignorance dans le commandement, avec tous les vices et les préjugés qui marchent à sa suite.

IX

Ainsi donc, fondé sur ces principes qui sont ceux de la justice et de la probité, le peloton modèle doit exercer la plus heureuse influence sur l'esprit d'une troupe ; il doit être pour tous un sujet d'émulation, qui profite au bien du service et rend ainsi la tâche du commandement plus facile ; il procure au mérite naissant l'occasion de se produire, et lui en suggère le désir par l'attrait des récompenses ; il donne enfin au chef, en lui faisant connaître la valeur intrinsèque de chaque individu, le moyen d'apprécier celle de la troupe qu'il commande, et de savoir ainsi ce qu'il peut en attendre dans telle circonstance donnée.

CHAPITRE V

DE L'AMBITION

DÉFINITION — PRINCIPES GÉNÉRAUX

I.

L'ambition est un désir ardent, impétueux, irrésistible, que la nature, pour réaliser le bonheur de l'humanité, a mis dans le cœur de tous les hommes. « Elle est fondée, selon » l'expression d'Helvétius, sur la crainte de » la douleur et l'amour du plaisir », et dérive naturellement de cette loi primordiale, qu'on appelle *amour de soi,* dont elle est la plus énergique manifestation. Et en effet, si elle porte les hommes à se grandir, ce n'est jamais par une idée abstraite de domination, qui ne saurait avoir sa raison d'être puisqu'elle est sans objet, et que la nature n'a rien fait d'inutile ; mais bien par ce seul fait, que la puissance donne la possession, et que celle-ci renferme toutes les conditions du bonheur.

Ces conditions, d'ailleurs, chacun les apprécie au point de vue de son organisation et de son tempérament ; et, tandis que les âmes vulgaires les font consister dans le bien-être matériel ou le plaisir des sens, elles sont au contraire, pour les grands cœurs, dans les jouissances morales, telles que : la passion de la gloire, le sentiment du juste, du grand et du beau, l'amour du bien public. Ce n'est donc pas sans une parfaite connaissance de son sujet, que Montaigne a dit, en parlant de l'ambition : « qu'elle peut apprendre aux » hommes et la vaillance, et la tempérance, » et la libéralité, voire *et la justice.* » Mais, il y a toujours, au fond de tous ces nobles sentiments, l'idée rationnelle et légitime de l'amour de soi, qui en est la cause détermi-nante, et qui modifie les aspirations, selon les caractères et les tempéraments. Nous allons prouver ces différentes assertions.

II

Disons d'abord, que l'ambition agit à beaucoup d'égards sur la volonté, de la même manière que l'émulation ; que cependant elle en diffère quelquefois par le but, et plus souvent encore par les moyens, qui ne sont pas toujours louables ; circonstances qu'il faut attribuer, comme on va le voir, d'abord à l'action du tempérament, et subsidiairement à l'influence des passions accessoires qu'elle met en jeu pour arriver à ses fins.

III

Ceci posé, si l'on observe d'une part que

l'ambition produit les plus grands maux de l'humanité ; et d'autre part, qu'elle réalise une somme de biens incomparablement plus grande, il y a là, deux effets contraires qui sont dus en apparence à la même cause, et d'après lesquels on est tout d'abord amené à se demander, si l'ambition est un vice ou une vertu.

Or, si l'on consulte sur ce point l'opinion publique, c'est le préjugé qui répond par sa voix. Et comme il ne voit que l'effet sans s'occuper d'en pénétrer la cause, il prononce toujours sur de simples apparences qui égarent le jugement. Aussi a-t-il tranché nettement cette grave question pour se dispenser de la résoudre, et il en est résulté que, par une fatale erreur, la passion grande et sublime qui agite sans cesse l'esprit humain, l'inspire, le féconde, et à laquelle le génie doit ses plus belles conceptions, a été de tout temps considérée comme un vice. Mais la raison, sur ce point, nous paraît être en désaccord avec l'opinion commune, et sur la foi de ce juge suprême nous proclamons hardiment, sauf à le démontrer, que l'ambition est une vertu !

IV

Telle est donc la première question qui s'offre à notre examen. Pour en chercher la solution, nous posons d'abord en principe, *que l'ambition est innée chez tous les hommes :* C'est-à-dire, que le germe de cette passion est inhérent à la nature humaine, et que la civilisation à laquelle on attribue son origine, n'a servi qu'à le féconder et non pas à le produire.

On conçoit, en effet, que l'homme en entrant dans la vie, n'a pu faire usage de suite de sa raison, dont il ignorait même l'existence : il a fallu d'abord qu'elle se manifestât pour se faire connaître, ce qui ne pouvait avoir lieu sans une cause déterminante. Et si l'on observe que dans le principe, chez les natures primitives, l'instinct était la règle de toutes

les actions, comme l'appétit en était le mobile,
cette cause n'a pu exister que dans les besoins
physiques, traduits par le langage des sens.
Or, ces besoins qui avaient pour objet, d'abord
la conservation et puis l'amélioration de l'espèce, ont fait éclore dans la pensée, avec le
désir de les satisfaire, l'idée de possession qui
en est inséparable; et cette opération de l'esprit a dû être le premier acte de l'entendement humain. Mais comme la possession est
synonyme de puissance, et que le désir qui
répond à celle-ci est précisément le caractère
qui distingue l'ambition, il en résulte que
cette passion, parfaitement identique, d'ailleurs, avec ce sentiment intime qu'on appelle
amour de soi, est la source de tous les désirs,
et par conséquent, la cause déterminante qui
la première, en produisant le jeu du mécanisme humain, a révélé l'existence de la
raison.

Donc, il reste établi que l'ambition est une
faculté native, et de plus qu'elle est identique

à cette loi souveraine et primordiale, qu'on appelle amour de soi.

V

Or, si l'on observe que cet amour de soi, interprété dans sa plus large acception qui est la seule conforme à la vérité et au vœu de la nature, est inséparable de l'amour de tous; en ce sens qu'il ne peut se réaliser *complètement pour un seul*, qu'à la condition formelle de s'étendre, sans exception ni restriction, à tous les membres de la famille humaine, il en résulte que sous l'empire de cette loi, et souvent même à son insu, l'individu poursuit activement le bien commun, en cherchant à réaliser le sien propre.

VI

On voit donc que le caractère distinctif de cette même loi, ou autrement dit de l'ambition, est une tendance irrésistible vers le bonheur absolu et par conséquent vers le bien. Mais la puissance et le penchant à faire le bien, qui sont dès lors ses attributs essentiels, sont aussi les caractères qui distinguent la vertu.

Donc enfin, ces deux choses étant identiques, l'ambition est une vertu.

Le raisonnement qui va suivre, nous permettra d'établir cette vérité sur de nouvelles preuves, qui la rendront plus évidente et plus claire.

CHAPITRE VI

DE LA NATURE DE L'AMBITION

DE SON JEU OU MÉCANISME ET DE SES EFFETS

I

. Nous venons de prouver que l'ambition était une vertu; mais nous avons dit précédemment, et il semble en effet hors de doute, que cette passion produit, ou tout au moins occasionne les plus grands maux qui affligent l'humanité; et dans ce cas, on serait amené forcément à lui attribuer un caractère vicieux. Mais, il faut se hâter de dire que ces effets sont dus à une autre cause, et nous allons en donner la preuve irrécusable.

II

Il faut observer d'abord que l'ambition, si nous l'avons bien définie, n'est autre chose qu'un mouvement de l'âme, une espèce de force centrifuge, qui agit à la manière des tourbillons de Descartes, et dont l'unique objet consiste dans une aspiration générale vers le bonheur; tendance qui est inséparable de l'idée de possession, de domination, de puissance; parce qu'en effet, on ne peut se promettre le bonheur, qu'à la condition expresse de posséder les éléments qui le renferment, ou de pouvoir se les procurer.

Mais, les moyens qui sont mis en œuvre pour atteindre ce but, et l'action même qu'il nécessite, ne sont pas le fait de l'ambition; car celle-ci, comme on va le voir, ne peut rien produire par elle-même : elle se manifeste d'une manière générale, et ses effets sont toujours le résultat d'une combinaison, dans

laquelle *l'intelligence, la raison et le senti-*
ment, sont les auxiliaires indispensables :
c'est-à-dire que tous ces éléments réunis,
que nous appellerons *forces motrices*, composent un mécanisme dont l'évolution s'accomplit de la manière suivante :

III

D'abord l'ambition, suivant la loi qui la
régit, se manifeste sans but déterminé ;
mais aussitôt l'intelligence lui vient en aide,
et fixe les idées sur un objet réalisable ; elle
embrasse dans tous les détails le but qu'on se
propose et les moyens d'exécution ; la raison à
son tour, dont le rôle est d'apprécier les choses
au point de vue de l'équité, coordonne ces
mêmes idées selon les règles de la justice et
de la sagesse, et donne ainsi aux conceptions
de l'esprit une direction légitime. Enfin, le
sentiment qui est la voix du cœur, modifie la
pensée dans le sens qui lui est propre, et lui

suggère dans tous ses actes, l'idée du grand,
de l'honnête et du beau.

Tous ces effets étant produits, la résultante
des forces motrices détermine la volonté, et
finalement, celle-ci communique son action
aux agents physiques qui ont mission de la traduire par des faits.

IV

Tels sont les éléments et le jeu constant de
ce mécanisme. On voit qu'il se compose :
d'une force *instinctive* qui est l'ambition,
d'une force *intellectuelle* qui comprend toutes
les opérations de l'esprit, et des forces *morales*
qui se composent de la raison et du sentiment.

Or, la nature de ces forces et les propriétés
qui les distinguent étant maintenant expliquées, il devient facile d'en calculer les effets
avec la plus grande précision. Ces effets,
d'ailleurs, qui se rapportent au bien ou au
mal, varient du plus au moins dans chacun

de ces genres, selon la puissance des forces motrices et leurs différentes combinaisons.

V

Nous allons donc, suivant notre manière de procéder, établir cette vérité sur des preuves mathématiques. Mais, comme ces forces peuvent varier à l'infini, nous nous bornerons à expliquer trois différentes combinaisons, qui répondent chacune à un type particulier, dont la connaissance importe au commandement, qui est toujours l'objet que nous avons en vue.

Ces exemples suffiront pour donner le moyen d'obtenir, par des calculs analogues, tous les résultats qui peuvent se produire en changeant la valeur des forces motrices.

CHAPITRE VII

PREMIÈRE COMBINAISON

I

Si l'on suppose premièrement, que les forces motrices possèdent entre elles une parfaite égalité relative; il est évident d'abord, qu'elles se feront équilibre, et de la sorte l'action de l'une ne pouvant excéder celle des autres, le but et les moyens, quelle que soit la grandeur du premier et la puissance des seconds, seront toujours ensemble dans un parfait rapport.

Ainsi, par exemple, l'ambition étant capable

d'une action donnée, il s'ensuivra que l'intelligence, la raison et le sentiment, agissant chacun dans sa sphère avec une force équivalente, détermineront un but d'une grandeur proportionnée à cette action, et ce but étant fixé, ils donneront encore le moyen de l'atteindre exactement et complètement.

II

On peut dire dans ce cas, que les forces seront combinées de la manière la plus favorable au jeu du mécanisme ; et, par cela même, les résultats obtenus seront les plus avantageux qu'on puisse se promettre avec les moyens donnés : c'est-à-dire, qu'elles auront produit le bien à un maximum relatif, qui sera en parfait rapport avec leur propre grandeur.

III

Il est en effet visible que dans ces conditions, où les lumières de la raison et celles de
l'esprit, viennent se joindre chez l'homme
aux qualités du cœur, l'ambition ne saurait
être que bienfaisante. Et, si de plus on admet
que toutes ces facultés, grandissant dans le
même rapport, atteignent la plus haute limite
de la puissance humaine; il s'ensuivra que l'ambition, de ce point culminant où siégent le génie
et la vertu, agira constamment sous cette double
inspiration, dont l'influence ne saurait être
que salutaire. Elle aura donc le rare mérite
de produire toujours le bien, avec tous les
caractères du grand et du beau, élevés à ce
degré de perfection qui constitue le genre
sublime.

IV

Or, si l'on veut apprécier l'homme dans

cette classe d'ambitieux, on trouve dans la combinaison des forces motrices, telle que nous l'avons établie ci-dessus, tous les éléments qui constituent son caractère et donnent la mesure exacte de sa valeur.

Donc, en prenant cette donnée pour base, on remarquera d'abord qu'il est doué de sentiments généreux et honnêtes, ce qui exclut *à priori*, toute pensée de dissimulation et d'astuce ; que sa valeur personnelle est un fait démontré, dont il a conscience lui-même puisqu'elle est inhérente à ses facultés, et par conséquent, que son ambition, avec de telles garanties, ne saurait être que légitime et honorable. Il aura donc la franchise de s'en prévaloir, parce qu'il a trop de délicatesse et de loyauté pour mentir à sa conscience ; et que d'ailleurs, inébranlable dans ses principes d'honneur et de probité, il ne veut rien devoir qu'à son propre mérite, *convaincu qu'il n'y a et ne peut y avoir, pour tout homme qui porte un noble cœur, qu'une seule manière de parvenir :*

manière qui rend le succès légitime et hono-
rable, en le faisant dépendre exclusivement
du mérite, de la vertu et de l'honneur !

V

Nous voudrions maintenant, pour bien fixer les idées sur le caractère que nous avons défini, pouvoir offrir en ce genre un modèle authentique qui fut un type réel de perfection. Mais la nature n'a pas encore enfanté ce prodige, dont les proportions colossales dépassent la portée de la puissance humaine.

On peut néanmoins en concevoir une idée approximative, en supposant réunis dans le même sujet, l'ambition démesurée d'Alexandre, le puissant génie de Napoléon, le grand et noble cœur de Bayard, la profonde sagesse de Socrate, la sublime vertu de Caton !

CHAPITRE VIII

I

Nous allons supposer dans cette combinaison que les forces sont inégales, et que l'ambition par exemple, est à chacune des deux autres comme 2 : 1.

Or, si l'on admet que toutes ensemble, dans un effort combiné, atteignent leur maximum, il est évident que l'ambition, dont la puissance est égale à *deux*, dépassera la portée de l'intelligence et des forces morales, évaluées seulement à *un*, et qu'une fois en dehors de cette limite, où se termine la sphère d'action qui leur est commune, elle sera privée tout à la fois, et de la lumière intellectuelle qui doit éclairer sa marche, et de l'influence morale qui doit donner à ses actes un caractère légitime, en les dirigeant vers le bien.

II

Il résulte de cet exposé que l'ambition, en dominant toutes les autres facultés, les absorbe et les paralyse ; qu'elle pervertit à la longue le sens et le cœur, et dénature si profondément le caractère de l'homme, que l'idée du bien ne peut plus trouver place dans sa pensée, livrée tout entière à ses instincts cupides. En sorte que dans ces conditions, où l'ignorance et le vice sont inséparables de cette passion, ses effets ne peuvent être que nuisibles et souvent même dangereux, sans jamais pouvoir être utiles.

Ce qui nous fait dire : *qu'il n'y a et ne peut*

y avoir, pour les natures vicieuses et les esprits bornés, qu'une seule manière d'exercer leur ambition : manière qui est illicite par les moyens, et toujours funeste par ses conséquences.

III

Si l'on observe, en effet, qu'une récompense suppose toujours des droits légitimes qui ne s'acquièrent que par le mérite, on concevra qu'à défaut de celui-ci, on soit obligé d'usurper les droits qu'il confère pour avoir des titres à la faveur, et de recourir ainsi à tous les expédients méprisables et honteux dont on est capable de faire usage, quand on a pour principe de n'apprécier la valeur des moyens ou leur moralité, que par le profit qu'on en retire.

IV

C'est ainsi qu'une médiocrité peut souvent

parvenir, en trompant la bonne foi du chef le
plus intègre, à supplanter l'honnête homme
qui a du mérite et du cœur, et qui regarde
par cette raison, comme une chose indigne de
s'élever par la faveur : persuadé qu'en suivant cette voie, on ne peut éviter de passer
par la honte pour arriver à la fortune.

V

Nous devons encore observer, par une
digression nécessaire à notre sujet, que la
fortune des médiocrités est due souvent à
une autre cause : elle s'explique par l'analogie des idées, qui produit l'affinité des caractères, en vertu de cette loi générale de la
nature, par laquelle tous les principes homo-
gènes ont une tendance à s'unir d'une manière intime.

D'où il résulte que sous l'empire de cette
loi, un chef médiocre est entraîné irrésistiblement à s'entourer de médiocrités, non pas

seulement parce que la supériorité d'autrui
le blesse et lui porte ombrage ; mais bien
plutôt parce qu'il trouve dans ses semblables,
une conformité de goût et de vues qui s'har-
monise merveilleusement avec ses propres
idées, et qu'il aime à se contempler lui-même
dans tout ce qui l'entoure.

Le même raisonnement d'ailleurs est ap-
plicable à tous les genres de talents ou d'aptitudes ; et c'est toujours en vertu de ce principe qu'un chef habile éprouve, pour tout ce
qui est médiocre, une répugnance invincible,
et qu'il aime au contraire, par inclination, à
s'entourer de capacités.

VI

Que si on examine la question au seul
point de vue du caractère, on trouve également
ment que ces mêmes lois de sympathie et
d'antipathie, chez les hommes vertueux ou
pervers, exercent leur influence attractive ou

répulsive, d'une manière analogue au principe établi.

Pour ce qui est des conséquences, elles se déduisent d'elles-mêmes.

CHAPITRE IX

I

Si l'on suppose enfin telle combinaison des forces motrices, dans laquelle la raison et le sentiment soient plus faibles que l'ambition, et que l'intelligence seule ait la puissance de celle-ci, il s'ensuivra d'abord que cette faculté deviendra son unique auxilaire, et par consé-quent son seul guide.

II

Que si on admet, sans changer le rapport existant, une intelligence de premier ordre, agissant de concert avec une ambition de force équivalente qui lui fournit sans cesse un nouvel aliment; il est évident d'abord que les résultats en seront gigantesques, si toutefois, on les suppose en rapport avec la grandeur de l'aspiration et la puissance des moyens; mais ils seront, par cela même, d'autant plus désastreux : car, de ce que les forces morales sont plus faibles que l'ambition, il s'ensuit que celle-ci, en se grandissant, échappe à leur influence, et se trouve privée de l'action salutaire qui leur est propre.

Elle ne peut donc se manifester, en dehors de cette influence, que par des moyens iniques et souvent odieux ; moyens qui diffèrent pourtant dans l'application, en ce sens que chez l'homme audacieux et fort, dont l'énergie égale le courage, l'ambition s'étale au grand jour, sans crainte comme sans scrupule; et si quelquefois elle est intolérable par ses excès, au moins faut-il lui accorder un mérite qui est celui de la franchise. Tandis que chez l'homme faible et pusillanime, qui est réduit à dissimuler pour déguiser sa convoitise, l'ambition suit constamment une marche ténébreuse, qui en fait le plus vil et le plus infâme de tous les vices : *la fourbe ou l'hypocrisie !*

III

Or, sans examiner la question sous d'autres points de vue, constatons seulement que l'hypocrisie est une preuve manifeste de lâcheté ; car il est dans sa nature de procéder par des voies occultes, qui lui permettent d'agir en toute sécurité, et par conséquent à l'abri du danger ; et comme le courage, au contraire, suppose toujours l'existence de celui-ci, il en résulte qu'il ne peut être compatible avec l'hypocrisie. Ce qui est d'ailleurs une vérité ancienne, que l'expérience confirme chaque jour ; vérité qui a inspiré à l'auteur des *Templiers* ces énergiques paroles :

« L'hypocrite, ose-t-il affronter le trépas ?

» Il ment, trompe, séduit ; *mais, Sire, il ne meurt pas !* »

VI

Mais dès lors que l'hypocrisie est la négation du courage, peut-on concevoir son existence sous l'uniforme du soldat ? là, précisément, où toutes les vertus héroïques deviennent une nécessité, une obligation, et sont d'ailleurs chez les Français un fait éclatant de force et de vérité ! Peut-on concevoir, disons-nous, dans la carrière de l'honneur, de la loyauté, du courage, l'existence de cette espèce immonde, dégradée, avilie ; de ces natures sans âme et à figure humaine, qui semblent pétries avec du limon fangeux, et qu'on peut appeler indistinctement *des fourbes, des hypocrites ou des lâches !*

CHAPITRE X

(SUITE DU MÊME SUJET)

RÉSUMÉ

J

Maintenant enfin, que les effets de l'ambition et les causes qui les produisent doivent
être suffisamment connus, il devient facile
d'expliquer, sans flétrir injustement cette
noble passion, toutes les iniquités dont les
ambitieux de tous les temps ont affligé le
monde ; mais qu'il faut attribuer exclusivement aux moyens qui ont été mis en œuvre,
et non pas à l'ambition.

D'où il résulte logiquement, que si l'on veut prévenir des égarements si funestes, il faut attaquer le vice dans la cause qui le produit; ce qui se réduit à savoir coordonner ces moyens de telle sorte, que l'ambition soit toujours maintenue dans de justes limites, qu'on puisse étendre à la rigueur, jusqu'à la plus grande portée des facultés intellectuelles et morales, mais qui ne puissent jamais dépasser ce terme maximum.

Dans ce cas, disons-nous, on aura résolu ce problème si difficile, puisque l'ambition, agissant toujours dans les conditions les plus favorables, ne pourra jamais produire que le bien.

II

Or, nous avons déjà prouvé que ces conditions existaient dans toute leur plénitude, lorsque les forces motrices étaient en équilibre, et agissaient respectivement avec une égale intensité. Mais si, en les supposant inégales, on développe simultanément toute leur énergie ; il est évident d'abord, que cet équilibre continuera d'exister jusqu'au moment où la plus faible sera parvenue à sa plus haute puissance. Cependant, comme les autres sont capables d'un plus grand effort, si elles augmentent d'intensité lorsque la première est arrivée à son maximum, l'équilibre sera forcément rompu, puisque celle-ci a cessé de faire contre-poids.

III

C'est donc ce degré maximum de la force la plus minime, qui devrait être, pour chaque individu, le thermomètre de l'ambition !

Toute la difficulté pour le commandement, consiste à savoir le déterminer avec précision; ce qui exige une parfaite connaissance des hommes, et nécessairement aussi le jugement et les capacités voulus pour savoir les apprécier.

LIVRE V

DE L'OFFICIER

CHAPITRE 1ᴱᴿ

DE L'OFFICIER

I

Officier, tel est le nom générique, le titre qui distingue le chef militaire et lui confère la noblesse avec le droit au commandement. Titre d'ailleurs si honorable, qui parle à l'imagination et au cœur par tous les souvenirs de gloire, d'héroïsme et de sublime vertu qui ont illustré dans les armes toutes les races belliqueuses. Tel est du moins, aux yeux de l'opinion publique, le prestige qui l'environne, et qui commande invinciblement l'estime, la considération, le respect.

D'où il résulte, que si on envisage dans l'officier le caractère qu'on lui attribue, et qui est d'ailleurs le seul compatible avec sa profession ; ce titre glorieux, chez tous les peuples civilisés, est synonyme *de bravoure, de loyauté, d'honneur !*

Et, si de plus on juge de sa valeur personnelle, d'après ces mêmes idées et l'importance réelle de ses devoirs, il doit encore signifier : *homme de mérite !*

II

La question ainsi posée, pour connaître toutes les exigences que comporte le titre d'officier, il faut savoir jusqu'où doivent s'étendre ses obligations sous les divers rapports qui conviennent à son caractère.

Nous allons donc, pour y satisfaire, examiner successivement les qualités et les défauts qui peuvent exister dans un chef militaire, pour faire ressortir les avantages qu'on peut tirer des unes, et les inconvénients qui résultent des autres.

CHAPITRE II

ESPRIT DE CONDUITE DU CHEF

I

Les rapports journaliers du supérieur avec
son subordonné, amènent un échange de
procédés qui les mettent à même de s'apprécier mutuellement. De cette connaissance
résulte une manière de voir qui, en se propa-
geant, constitue l'opinion générale.

Or, comme cette opinion, ainsi que l'observe un illustre contemporain « *finit toujours par avoir raison ;* » qu'elle devient
réellement pour un chef, suivant qu'elle lui

est favorable ou hostile, son plus puissant auxilaire ou son plus grand obstacle, et que de plus, *il ne dépend absolument que de lui* qu'elle soit l'un ou l'autre, il doit s'appliquer tout d'abord, à mesure qu'elle se forme, à la disposer en sa faveur, pour s'en faire un appui dans l'exercice du commandement ; et à cet effet, il ne devra jamais perdre de vue cette remarque judicieuse de Xénophon : « Que » les hommes sont naturellement plus dis- » posés à respecter, non pas seulement leur » supérieur, mais leur égal, quand il se » respecte, que lorsqu'il se manque à lui- » même. »

II

Nous disons donc en termes généraux, que le caractère du chef doit toujours être honorable et digne, et sa conduite exemplaire.

Pour cela, il évitera d'abord de donner prise *au ridicule ;* car c'est une arme si redoutable lorsque l'esprit français en a

aiguisé le tranchant, que ses blessures sont
presque toujours mortelles. Et d'ailleurs,
peut-on concevoir que ce travers d'esprit
puisse coexister chez le même individu, avec
les qualités, le caractère ou les talents qui
rendent un homme estimable et constituent
le vrai mérite? Il faut admettre pour le moins
que la présence de l'un, suppose pendant tout
ce temps, l'absence ou le sommeil des autres.
C'est ainsi que La Bruyère, exprimant la
même pensée, nous dit à ce sujet : «L'homme
» ridicule est celui qui, tant qu'il demeure
» tel, a les apparences du sot . . . . . .

. . . .

« Car le sot, ajoute-t-il plus bas, ne se tire
» jamais du ridicule. »

Il faut considérer d'autre part, que le soldat
français pris en masse, est l'expression la plus
complète du caractère et du génie national ;
qu'il est par conséquent, sceptique de sa
nature, indocile et raisonneur : qu'il excelle
tout à la fois dans l'art de manier le sarcasme

et d'imiter en grotesque. Aussi le ridicule ne trouve jamais grâce à ses yeux ; il le saisit sous toutes les formes avec un rare sagacité, et il n'est pas de réputation, avec ce travers d'esprit, qui puisse tenir contre ses implacables railleries.

III

Le *libertinage* est aussi, pour un chef, un défaut d'autant plus funeste, qu'il suppose toujours un assemblage de plusieurs vices honteux, et comme tel il peut avoir les plus graves conséquences.

D'abord, il est évident que par l'abus des plaisirs sensuels, il use la santé du corps et altère profondément les facultés morales ; que cet état d'énervation voisin de l'abrutissement, en raison de la cause qui le produit, est une atteinte portée à la dignité de l'homme et au caractère du chef ; une flétrissure morale qui déconsidère le grade et amoindrit l'autorité du commandement, et qui peut

enfin, dans un moment donné, compromettre
la sûreté, les intérêts ou la réputation d'une
troupe.

Disons toutefois, que sa gravité est en raison
de l'âge des individus et du rang qu'ils occupent dans la hiérarchie; et si, dans la jeu-
nesse et les grades inférieurs, la fougue des
passions peut au moins lui servir d'excuse, il
n'en est pas de même lorsqu'il se montre
effrontément dans un rang élevé, sous une
tête à cheveux blancs qui devrait être véné-
rable ; alors, disons-nous, que la nature
devenue impuissante se refuse à satisfaire des
goûts dépravés, qui ne sont plus en rapport
avec la défaillance des organes ! . . . . .

:   .   .   .   .

On aime mieux penser qu'il n'existe rien de
pareil, que d'avoir à flétrir comme il le mérite,
un vice aussi méprisable. « Mon ami, disait
» un jour Caton à un vieillard de mauvaises
» mœurs, la vieillesse a assez d'autres dif—
» formités sans y ajouter celle du vice, »

Et Napoléon Ier a écrit avec non moins d'à-propos et de justesse : « Les vieillards » qui conservent les goûts du jeune âge, » perdent en considération ce qu'ils gagnent » en ridicule. »

IV

Il est enfin sur le même sujet une dernière conséquence, sur laquelle nous devons particulièrement insister. Elle a pour objet de constater que l'homme livré au libertinage, est tellement absorbé par son funeste penchant, qu'il est incapable de remplir les sublimes devoirs du chef : parce qu'il s'est trop dépensé pour qu'il lui reste encore assez de temps et d'énergie, ni surtout assez de cœur et de lucidité d'esprit pour suffire à une tâche si laborieuse. Et alors, que deviennent ces hommes dont le bien-être, les destinées, la vie sont confiés à ses soins?.... Comment pourra-t-il les diriger, les instruire ; apprécier les services, le caractère, la valeur de chacun, et lui

rendre la justice qu'il mérite?.. . . . Cette
pensée désolante est faite pour affliger un
homme de cœur.

V

Pour ce qui est de l'extérieur, nous disons
qu'un chef doit s'observer dans son maintien,
son attitude et ses manières; parce que ces
dehors sont un langage muet qui parle aux
yeux à tout instant, et qu'ils préviennent
favorablement les esprits lorsqu'ils sont dignes,
sans affectation.

VI

Mais, la gravité qui n'est pas naturelle, l'ar-
rogance et la suffisance, sont des ridicules qui
veulent simuler la grandeur et ne servent
qu'à prouver davantage la petitesse et la
vanité : « C'est un secret du corps, a dit
» Mlle de Scudéry, pour cacher le défaut
» de l'esprit. » Et Montaigne fait observer

plaisamment à ce sujet : « que l'âne est le » plus sérieux des animaux. »

Le chef devra donc s'abstenir, à peine de déchoir dans l'opinion, de ces petites ruses que la vanité suggère à la sottise ; par la raison que les contrastes choquent le bon sens, et produisent souvent par leur singularité, un effet tout opposé à celui qu'on s'était promis.

VII

On observera d'autre part, que si le mérite du chef, son courage, sa droiture et les ressources de son esprit, suffisent pour inspirer la confiance ; il lui faut encore, pour parvenir à régner sur les cœurs, savoir gagner les sympathies. Il y parviendra sûrement, si des sentiments généreux inspirent sa conduite ; mais pour favoriser cette disposition, il faut de plus que sa physionomie soit le miroir fidèle de sa pensée ; qu'elle soit avenante et respire cet air de douce fierté, d'urbanité,

de franchise, qui s'allie à la bienveillance et
à la simplicité, et qui est ordinairement l'in-
dice d'un noble cœur. « Que votre conte-
» nance, votre air, vos discours, tout en
» vous, dit Xénophon, annonce une noble
» assurance, et vous montre digne de com-
» mander. »

VIII

Il est nécessaire, en effet, que le langage
du chef, dont la sincérité ne doit jamais être
mise en doute, soit en parfait accord avec
sa contenance et son humeur, aussi bien
qu'avec sa pensée. Et si, par exception,
il se permet quelque familiarité en paroles, ses saillies, dans aucun cas, ne doivent
être ni grossières, ni blessantes, ni triviales.
Ecoutons là-dessus les sages conseils de
Montesquieu.

« Il faut que les chefs, dit-il, soient extrê-
» mement retenus sur la raillerie. Elle flatte
» lorsqu'elle est modérée, parce qu'elle

» donne le moyen d'entrer dans la familiarité;
» mais une raillerie piquante leur est bien
» moins permise qu'au dernier de leurs su-
» bordonnés, parce qu'ils sont les seuls qui
» blessent toujours mortellement.

» Encore moins doivent-ils faire à leurs
» subalternes, une insulte marquée : *ils sont*
» *établis pour pardonner, pour récompenser,*
» *pour punir ; jamais pour insulter.* »

De toutes les réflexions qui précèdent, nous déduisons ce principe fondamental, *que pour être digne de commander, il faut sans cesse parler et agir avec un discernement tel, que la supériorité de l'homme apparaisse toujours dans le caractère du chef et dans ses moindres actions.*

IX

Pour ce qui est de cette passion violente et brutale, qu'on appelle *la colère !* nous la considérons tout à la fois comme un vice

odieux, et une faute grave, en ce qu'elle a toujours pour effet de troubler la raison, d'égarer le jugement et d'avilir le caractère du chef. « C'est faiblesse et lâcheté, dit à ce
» sujet Plutarque, de laisser pousser la co-
» lère, comme une tumeur du fond de la
» partie malade et souffrante de notre
» âme. »

Quant à ses conséquences, nous ne saurions mieux faire que d'en emprunter l'analyse à Fénelon, qui en a fait une peinture saisissante :

« Cette passion, dit-il, fait perdre les oc-
» casions les plus importantes ; elle donne
» des inclinations et des aversions d'enfant,
» au préjudice des plus grands intérêts : elle
» fait décider les plus grandes affaires par
» les plus petites raisons ; elle obscurcit tous
» les talents, rabaisse le courage, rend un
» homme inégal, faible, vil et insupportable.
» Défiez-vous de cet ennemi. »

X

S'agit-il pour un chef de prendre une mesure quelconque? Il lui faut assez de prudence et de sagacité pour en saisir tous les rapports, et prévenir les incidents qui pourraient en contrarier l'exécution ; car, si elle échouait par imprévoyance, ou qu'elle fût, sans nécessité, préjudiciable à ceux qui doivent y coopérer, l'effet produit détruirait à leurs yeux tout le mérite de l'intention, qui est d'ailleurs dans un chef une vertu complètement stérile, dès lors qu'elle est impuissante à faire le bien ou à prévenir le mal.

Et, comme, au surplus, le rôle du subordonné est essentiellement passif, il faut bien qu'en échange de sa volonté, dont il a fait une si complète abnégation, il puisse jouir en toutes circonstances d'une parfaite quiétude d'esprit, et se reposer aveuglément sur son chef du soin de tout prévoir.

N'est-il pas juste, en effet, que celui-là seul
qui jouit des bénéfices du commandement, en
ait en même temps les charges, les obligations,
les soucis ? « Sache, mon fils, disait Cambyse
» à Cyrus, que ceux de qui tu veux être
» obéi, voudront aussi pour eux des soins
» prévoyants. Que ton esprit, dans une solli-
» citude continuelle, médite la nuit ce que
» tu feras exécuter lorsque le jour paraîtra ;
» le jour, ce qu'il conviendra de faire la
» nuit. »

XI

On peut ajouter enfin comme conséquence
du même principe, que le mauvais esprit
d'une troupe, la mésintelligence qui peut
régner dans chaque grade, et l'état d'hostilité
qui se manifeste souvent, à cette occasion,
contre l'autorité elle-même, *sont toujours
l'œuvre du commandement*, qui n'a pas su
prévoir, ordonner, diriger, et surtout récom-

penser ou punir d'une manière toujours équitable et judicieuse.

Or, cet état de choses une fois établi, avoir la prétention de le détruire en s'attaquant aux effets, c'est tenter une entreprise périlleuse et dont le succès est logiquement impossible : par la raison bien simple que ces effets ayant une cause — que nous avons signalée —, ils se reproduiront indéfiniment, tant qu'on laissera subsister celle-ci.

Donc, la sévérité dans ces graves circonstances, qui est la ressource ordinaire des esprits étroits, ne sert malheureusement qu'à prouver davantage leur impuissance ; car elle ne peut avoir d'autre résultat que d'exaspérer les esprits, et de rompre par ses excès tous les liens de la discipline, ou pour le moins de faire des victimes sans nécessité ni profit, ce qui est odieux.

XII

Ces principes posés, pour nous résumer en

quelques mots sur les qualités du chef et son esprit de conduite, nous disons : qu'il doit observer scrupuleusement les convenances du langage ; se recommander par ses habitudes et ses manières ; avoir de la conduite, de la dignité, de la tenue ; une mise simple et correcte : joindre à ces qualités accessoires la supériorité du talent, être grand par le cœur, l'intelligence et le mérite, se distinguer entre tous par sa droiture et sa moralité, et, chose bien rare, quoique pourtant la plus précieuse pour un chef, AVOIR DU CARACTÈRE !

Il faut, en un mot, que l'inférieur trouve un modèle accompli dans celui qui le commande, afin qu'il puisse avoir à sa portée un bon exemple permanent, un type de toutes les qualités militaires qui lui représente la perfection, et soit toujours à ses yeux le terme de comparaison le plus élevé pour juger de tous les mérites.

XIII

Que cependant, comme ce type serait la perfection et que celle-ci n'est pas réalisable, nous devons admettre qu'on puisse être un bon chef avec des qualités moins sublimes. Ajoutons toutefois que s'il est permis, pour faire la part des faiblesses humaines, de concéder quelques imperfections à celui qui commande, elles ne devront jamais s'étendre assez loin, pour le placer au-dessous de celui qui obéit; et nous posons en conséquence comme un principe absolu, *que si la supériorité de l'homme dans la personne du chef, ne peut toujours s'élever plus haut que celle du grade, il faut indispensablement qu'elle atteigne ce niveau, qui est le dernier terme minimum.*

CHAPITRE DERNIER

CONCLUSION

I

Dans le cours de ce Traité, nous avons énoncé des propositions, posé des principes et déduit des conséquences, en nous attachant, sans aucune prévention, mais avec toute la véhémence d'une foi sincère, à établir la vérité sur des bases solides, et à combattre l'erreur par la logique des faits et de la raison. Nous avons donc, pour donner plus de force à notre pensée, flétri énergiquement l'ignorance et le vice, qui sont la plaie du genre humain et la ruine des institutions, lorsqu'ils ont pu s'y introduire et y prendre racine.

Nous avons, au contraire, exalté le mérite, les talents et la vertu, qui agissent heureusement sur cette plaie toujours béante, comme un baume réparateur ; mais qui ont besoin pour se produire, de trouver la protection d'une main puissante, d'un esprit élevé qui ne s'inspire que du bien public, et d'un cœur magnanime qui puisse entendre le langage de la vérité et soit capable de le sentir ; car sans cet appui, ils sont trop faibles pour se suffire à eux-mêmes, et ils succombent fatalement sous les atteintes de la calomnie.

II

Telles sont en quelques mots, les conclusions et la morale de ce livre, que nous mettons en toute confiance sous la protection du Souverain, qui porte en ce moment le sceptre de la France, pour protéger le mérite et féconder les talents, en y fondant le règne de la justice, comme naguère il en a porté l'épée, pour ajouter à son histoire une de ses pages les plus glorieuses, en combattant pour le triomphe d'une sainte cause !

FIN.

ESSAI

sur

LES DRAGONS

PAR LE MÊME AUTEUR.

———

AVERTISSEMENT NÉCESSAIRE.

——

Cette question, telle que nous la présentons, est une conséquence des principes que nous avons développés sur le commandement. Cependant, elle n'était pas destinée à la publicité, bien qu'elle soit rédigée depuis bientôt un an.

Nous avions eu d'abord l'intention, avant de la traiter par écrit, de faire l'application de nos idées, afin de prévenir toutes les objections, en produisant des éléments tout formés, qui nous auraient permis de placer l'exemple à côté du précepte.

Nous avions, dans cette pensée, en nous renfermant dans les limites réglementaires, profité d'une occasion propice, pour donner suite à ce projet dans l'étendue de nos faibles moyens.

Au mois d'avril 1859, notre but était complètement atteint, et nous avons été assez heureux pour le faire constater par M. le général de ***, qui a bien voulu nous témoigner sa satisfaction en des termes qui n'admettaient pas d'équivoque.

Mais, sur ces entrefaites, des circonstances défavorables sont venues détruire toutes nos espérances, et nous ont fait perdre le fruit de notre travail, en faisant avorter une expérience qui avait donné les plus beaux résultats.

C'est alors que, nous étant adressé à M. le G*** pour en obtenir une audience, et notre demande n'ayant pas été accueillie, nous nous sommes occupé de rédiger cette question par écrit, pour la faire parvenir à M. le Ministre de la Guerre, dont certainement la bienveillance ne nous aurait pas fait défaut, s'il nous eût été possible d'y recourir. Mais, par un sentiment de déférence, nous avons cru devoir préalablement, confier notre travail à la même personne, qui, cette fois, a bien voulu nous promettre de l'examiner attentivement, et de nous faire connaître par écrit, *à un prochain délai,* son opinion personnelle.

Or, il y a de cela neuf ou dix mois; et comme la réponse ne nous est pas encore parvenue; que cependant nous sommes instruit par la voix de la presse, que des expériences se poursuivent activement sur l'arme des dragons, nous avons pensé que nos idées, examinées par les hommes compétents, seraient peut-être jugées utiles, et nous venons très-humblement, dans ce but, les soumettre à leur appréciation.

Iʳᵉ PARTIE

UTILITÉ, APTITUDE

Iʳᵉ PARTIE

UTILITÉ — APTITUDE

I

Tout le secret des combinaisons militaires,
se réduit à savoir disposer les forces d'une
armée, de telle manière, qu'elles puissent
agir en temps opportun sur le point décisif,
et s'y trouvent toujours, par le nombre ou la
qualité, supérieures à celles de l'ennemi.

II

Ce principe si simple, mais d'une application si difficile, renferme tout le génie de la guerre, et devient la première, comme la plus indispensable condition de succès. D'où il résulte, que tous les moyens propres à le réaliser, méritent d'être pris en sérieuse considération.

Or, nous pensons qu'on y parviendrait sûrement, s'il existait constamment sous la main du général en chef, une troupe d'élite capable de se suffire en toutes circonstances, et réunissant à cet effet, au degré le plus éminent, tous les genres d'aptitude pour le combat ; c'est-à-dire :

1° *La mobilité*, qui donne le moyen de prévenir l'ennemi par des dispositions soudaines ou une marche rapide ; lui enlever les avantages de l'offensive et du terrain ; le déconcerter, le frapper de stupeur et jeter la

confusion dans ses rangs, en portant le trouble
dans les esprits.

2° *La solidité*, qui permet de résister en
masse compacte aux plus grands efforts de
l'ennemi, ou bien, dans l'offensive, à produire
un choc puissant, irrésistible, décisif.

3° *L'agilité, l'adresse et la vigueur physique*, qui inspirent à chaque individu le sentiment de sa valeur ; font naître la confiance
et fortifient le courage ; augmentent, selon le
cas, la force d'impulsion ou l'énergie de la
résistance, et produisent tous les éléments
d'action qui constituent la solidité et la mobilité d'une troupe.

4° Enfin la faculté précieuse de combattre
avec avantage, sur tous les terrains et contre
toutes les armes, soit à pied, soit à cheval,
et de pouvoir se suffire en toutes circonstances.

Or, tous ces éléments divers qui constituent
la force d'une armée ; mais qui ne peuvent y
exister que par le concours des différentes

armes, il s'agirait, pour résoudre notre problème, de les réunir dans une même troupe, sans affaiblir l'action qui leur est propre.

III

Nous observons à cet effet, que les aptitudes physiques de l'homme de guerre, ne sont fondées en principe que sur la force et l'agilité du corps; que celles-ci, abstraction faite du tempérament, dépendent exclusivement de la régularité des proportions, et que sous ce dernier rapport, le Dragon pris en masse, est le type le plus heureusement doué par la constitution physique : car si l'on trouve parfois parmi les hommes de plus grande taille, une parfaite harmonie de formes avec des proportions colossales, il en est au contraire en grand nombre, dans cette même catégorie, qui sont faiblement constitués, et l'excès de force des uns faisant défaut chez les autres, il en résulte une moyenne qui est peu différente, si même elle n'est inférieure à celle qui existe dans l'arme des Dragons.

D'un autre côté, comme l'agilité du corps est en raison inverse de sa masse, il est encore évident que sous ce rapport, tout l'avantage appartient à ces derniers, qui possèdent ainsi, avec plus de mobilité que les hommes de grande taille, une moyenne de force au moins équivalente ; et cette mobilité, qui augmente la force d'impulsion de tout le poids que donne la vitesse, peut leur faire acquérir, dans l'action, une puissance d'élan incontestablement supérieure.

Si d'autre part, on considère les hommes de petite taille, on ne peut contester qu'ils ne soient en général très-agiles; mais il faut aussi convenir qu'ils n'offriront jamais assez de poids et de consistance pour former une troupe véritablement solide, qui puisse résister à un choc puissant ou qui soit capable de le produire.

IV

Ce n'est donc en réalité que parmi les hommes de taille moyenne, tels qu'ils existent dans l'arme des Dragons, qu'on peut trouver réunies, dans un parfait rapport de convenance, les meilleures conditions de force et d'agilité; conditions indipensables pour développer dans une troupe ses qualités les plus essentielles pour le combat, qui sont, ainsi que nous l'avons établi, *la solidité et la mobilité*, et lui donner le moyen de combattre avec tous ses avantages, soit à pied, soit à cheval.

V

Tel est, en résumé, le but qu'il s'agit d'atteindre, et que nous proposons avec une pleine confiance dans le succès, malgré

toutes les expériences infructueuses et quel-
quéfois funestes qu'on a tentées jusqu'à ce
jour pour y parvenir.

Nous disons dans cette pensée : de ce que
le Dragon, par sa constitution physique,
réunit les meilleures conditions de force et
d'agilité, il ne s'agit évidemment, pour réaliser
un tel projet, que de développer en lui des
facultés qu'il possède, en les utilisant en vue
de ce projet, qui résume tout à la fois la
science du cavalier et celle du fantassin.
Mais, va-t-on peut-être nous objecter, c'est
précisément en ce dernier point que réside la
plus grande difficulté ; car il faudrait, pour
atteindre le but, trouver le moyen de conci-
lier, en les réunissant dans le même individu,
deux aptitudes dont l'expérience a démontré
l'incompatibilité. D'où il résulterait logiquement que l'idée du Dragon, si séduisante en
théorie, ne repose en définitive que sur des
données contradictoires, qui la rendent im-
praticable.

Pour réfuter cette opinion, que nous croyons profondément erronée, nous allons examiner sur quel fondement raisonnable on a pu l'établir et la faire prévaloir.

VI

D'abord il est évident que notre type, avec tous les avantages qui le distinguent, peut acquérir séparément l'une et l'autre de ces aptitudes ; que de plus il est avéré par le témoignage de l'histoire, qu'il est susceptible de les posséder simultanément : ce qui est prouvé par l'exemple des Dimaques chez les Grecs, dont Alexandre a su tirer un si grand parti ; celui des Célères dans les premiers temps de la république romaine, et plus tard de sa propre cavalerie, qui, au rapport de Montesquieu et quoiqu'en ait dit Annibal à la bataille de Cannes, « était aussi redoutable » que la meilleure infanterie, lorsqu'elle » mettait pied à terre, et très-souvent *elle* » *déterminait la victoire.* »

Nous en trouvons enfin une dernière preuve dans les fastes militaires de nos Dragons, qui se sont illustrés à différentes époques, en combattant avec une égale valeur, soit à pied, soit à cheval. Que si, néanmoins, l'expérience faite en d'autres temps, avec des éléments pareils, n'a pas eu le même succès, c'est que les conditions étaient bien différentes, en ce sens qu'il y avait des difficultés matérielles résultant d'un vice d'organisation, d'éducation ou de direction ; difficultés qui réagissaient sur le moral de cette troupe, en paralysant tous ses moyens physiques, et devaient forcément la réduire à l'impuissance. C'est du moins ce qui résulte des paroles suivantes, que nous empruntons à Napoléon Ier :

« Turenne, le prince Eugène de Savoie,
» Vendôme, *faisaient grand cas et grand*
» *usage des Dragons. Cette arme s'est cou-*
» *verte de gloire en Italie, en 1796 et 1797.*
» En Egypte, en Espagne, dans les campa-
» gnes de 1806 et 1807, *un préjugé s'est*

» *élevé contre elle.* Les divisions de Dragons
» avaient été réunis à Compiègne et à Amiens,
» pour être embarquées sans chevaux pour
» l'expédition d'Angleterre, et y servir à
» pied, jusqu'à ce qu'on pût les monter dans
» le pays. . . . .
» . . . .
» On leur fit faire des guêtres, et on incorpora
» une grande quantité de recrues, qu'on ne fit
» exercer qu'aux manœuvres de l'infanterie.
» Ils firent la campagne de 1806 à pied, jus-
» qu'après la bataille d'Iéna, qu'on les monta
» sur des chevaux de prise de la cavalerie
» prussienne, les trois quarts hors de service.
» *Ces circonstances réunies leur nuisi-*
» *rent.....* »

Ces paroles font voir que l'expérience faite
à cette époque est une tentative avortée,
qui a laissé cette question complétement in-
décise.

VII

On ne peut prendre en effet pour une
épreuve décisive, ainsi que Napoléon le fait
pressentir, l'insuccès que nous avons men-
tionné, si l'on considère que les moyens em-
ployés étaient si peu en rapport avec le but
qu'on voulait atteindre; car on a vu d'abord que
les Dragons du camp de Boulogne, uniquement
exercés aux manœuvres d'infanterie, étaient
pourtant mis en campagne avec un équipement
de cavalier, ce qui premièrement les rendait
impropres au service à pied; que de plus on
avait par la suite résolu de les monter, pour
les rendre sans doute à leur double destina-
tion. Mais, outre qu'ils n'avaient pas reçu
l'instruction nécessaire pour combattre à
cheval, on leur avait donné encore des chevaux
de prise, la plupart incapables de servir, en
sorte que dans ces pires conditions, ils n'é-
taient réellement propres à aucun genre de

service ; aussi l'opinion publique, qui avait d'abord été injuste à leur égard, en répétant un mot qui était un outrage, les a-t-elle bientôt après pleinement réhabilités, lorsqu'on les a vus accourir du fond de la péninsule, terribles de bravoure, et dans tout l'éclat de leur nouvelle réputation, pour venir défendre le sol de la patrie. C'est qu'en effet les Dragons de l'armée d'Espagne, selon les paroles de Napoléon lui-même, qui s'y connaissait, avaient acquis une telle valeur, « qu'ils rivalisèrent *avan-* » *tageusement* avec les cuirassiers. »

Mais il est juste de dire qu'ils ne combattaient à pied que très-rarement : les guerres d'Allemagne, où on avait compromis leur ancienne réputation, étaient regardées à cette époque comme une épreuve décisive, qui prononçait hautement contre leur tactique ; parce que sous l'impression défavorable du moment, on ne l'avait appréciée que par ses effets, sans s'occuper d'en rechercher la

cause ; et comme d'ailleurs, il est plus facile
de trancher une question que de la résoudre,
on s'en était tenu sur leur compte à cette
conclusion : *qu'il était impossible de per-*
suader à une troupe disposée pour combattre
à pied, que par la puissance de son feu et
de ses bayonnettes, elle défiait la meilleure
cavalerie ; et qu'une fois à cheval et le sabre
à la main, aucune infanterie, quelque solide
qu'elle fût, ne pouvait résister à son choc.

VIII

Cet absurde paradoxe était donc le dernier
mot qu'on avait su dire sur l'arme des Dragons !..... Non sans doute ; car si tel était en
effet le sentiment du plus grand nombre, il y
avait aussi parmi les hommes compétents des
penseurs judicieux, qui avaient bien autrement, à cet égard, formulé leur opinion.

Nous avons déjà fait connaître à ce sujet
la pensée de Napoléon Ier. Jomini, de son côté,

dont on ne peut contester la compétence en
fait d'art militaire, a répondu en ces termes
à cette grave sentence.

« Cet argument, dit-il, est plus spécieux
» que vrai ; car au lieu de prêcher des ma-
» ximes si contradictoires, il serait plus na-
» turel de dire que si de braves cavaliers
» peuvent enfoncer un carré, de braves
» fantassins peuvent aussi repousser une
» charge . . . .

. . . .

» Qu'en thèse générale, un brave, à pied
» ou à cheval, doit battre un poltron. En
» inculquant ces vérités à des dragons, ils
» pourront se croire supérieurs à leurs
» adversaires, soit qu'on les emploie comme
» fantassins, soit qu'ils chargent comme
» cavaliers. »

CONCLUSION

SUR LA PREMIÈRE PARTIE.

I

Il résulte de tout ce qui précède, que notre type possède en principe, par le seul fait de sa constitution, toutes les facultés nécessaires pour atteindre le but déterminé ; mais ces facultés qui appartiennent à l'ordre physique, ne se développent chez l'individu, qu'en raison de la force morale qui les sollicite ; et par conséquent toute cause qui affaiblit le moral, doit avoir pour effet de diminuer cette action. Or, les préjugés reçus sur l'arme des Dragons étant une de ces causes, si ce n'est même la seule, il s'ensuit que si on parvient à les détruire, celle-ci ayant disparu, toute la difficulté, qui n'est réellement dans ce cas qu'un effet d'imagination, s'évanouit avec elle, et l'individu retrouve aussitôt, dans l'idée de sa force, la conscience intime de sa valeur.

II

Il ne s'agit donc, pour résoudre la question proposée, que de fortifier cette conviction en dissipant le préjugé funeste qui l'empêche de se former. Et dans ce but, il faut agir sur les esprits par l'ascendant de la raison, et développper en même temps tous les moyens physiques pour augmenter la force, l'agilité, l'adresse, et par suite *la confiance*, qui est la source où le moral vient se tremper pour fortifier le courage.

Il faut, en résumé, que l'homme soit façonné de telle sorte, que son moral puisse résister à toutes les épreuves; que sa vigueur physique acquière tout son développement, et que de plus il soit mis en état, par son habileté corporelle, de tirer de ses forces le meilleur parti possible.

III

A ces conditions, il possédera toutes. les aptitudes de l'homme de guerre, avec le sentiment de sa supériorité élevé à sa plus haute puissance, et pourra dès lors être employé, avec un égal avantage, à tous les genres de tactique.

IIe PARTIE

DÉTAILS D'APPLICATION

IIE PARTIE

DÉTAILS D'APPLICATION

I

Après avoir démontré de notre mieux, que l'idée du Dragon, telle que nous l'avons exposée dans la première partie, était facilement réalisable, il nous reste à présenter, pour servir uniquement à l'intelligence des principes énoncés, un mode quelconque d'application. Ce qui nous conduit à examiner la question, sous les divers rapports de l'organisation et de l'armement, des préceptes généraux d'éducation, des fonctions et de la tactique.

II.

Organisation, armement. Les dragons, dans un grand nombre de cas, étant destinés à se porter rapidement sur un point éloigné, pour y combattre selon les circonstances, à pied ou à cheval, et se trouvant ainsi dans l'obligation de se suffire à eux-mêmes, il est indispensable de leur adjoindre un certain nombre *d'armés à la légère* (25 à 30 par escadron) que nous appellerons *Vélites,* par analogie de fonctions avec les soldats de ce nom dans l'ancienne Rome.

III

Les Vélites, qui doivent être portés en croupe toutes les fois que l'escadron doit parcourir une distance avec rapidité, devront avoir tout au plus le minimum de la taille d'infanterie (1^m,56^c). Ils auront pour toute arme offensive la carabine de précision, au bout de laquelle on adaptera, pour le combat, le sabre-bayonnette des chasseurs à pied.

Ils devront aussi être munis d'un fouet pour la conduite des chevaux haut-le-pied.

IV

Dragons. Un régiment de dragons sur le pied de guerre, devrait avoir au moins cinq escadrons de 140 chevaux chacun, y compris les serre-files ; ce qui donnerait un effectif de 700 hommes, force à peu près égale à celle du bataillon.

Les armes offensives qui conviennent à ce corps, eu égard à son genre de service, sont :

1° Le fusil du modèle actuellement en service, avec le canon rayé ;

2° Un pistolet quelconque ;

3° La latte à deux tranchants avec une forte arête au côté droit.

Cette arme sera fixée au bout du fusil pour

tenir lieu de bayonnette, toutes les fois qu'on devra mettre pied à terre pour combattre à pied; et le fourreau, qui serait embarrassant par son poids et sa longueur, restera suspendu, au moyen d'un appareil disposé à cet effet, au côté gauche du paquetage.

ARMES DÉFENSIVES.

1° Le casque, rendu aussi léger que possible, sans nuire à sa solidité ;

2° Le plastron de cuirasse, échancré à l'épaule droite, comme jadis celui des *Carabins*, pour pouvoir ajuster sans difficulté.

V

Observations. Les dragons étant destinés, comme corps de bataille, à faire un grand usage de l'arme blanche ; et leur fusil armé de la latte, étant plus long que celui d'infan-

terie; ils ont déjà, par ce seul fait, un très-
grand avantage sur celle-ci pour ce genre
de combat.

Si de plus on observe que le plastron de
cuirasse, en leur donnant plus de sécurité
augmente leur confiance ; et que d'ailleurs
son poids, ajouté à celui du fusil et de la giberne, qui constituent à pied tout l'attirail du
Dragon, est beaucoup moindre que la charge
du fantassin, composée du fusil et de sa
bayonnette, du sabre pour tous les militaires gradés et les soldats d'élite, de la
giberne, du sac complet et de tous les
accessoires de campagne, il en résulte
encore, sous ce rapport, un avantage d'autant plus sensible en faveur du Dragon,
que celui-ci, plus fortement constitué et
porté d'ailleurs par son cheval, a pu ménager toutes ses forces pour le moment de
l'action ; tandis que le fantassin, quoique
moins robuste, a le plus souvent dépensé,
dans une marche pénible, une partie de sa

vigueur avant d'entrer en ligne pour le combat.

VI

Instruction. Vélites. L'instruction militaire des vélites, en ce qui concerne la justesse du tir, l'usage individuel de la bayonnette, la vitesse du pas et la promptitude des mouvements, la formation soudaine par groupes, lorsque, étant dispersés en tirailleurs, ils sont chargés par la cavalerie légère, doit être à peu près la même que celle des chasseurs à pied.

Ils doivent aussi être exercés, très-fréquemment, à courir à toute vitesse, soit pour se porter sur les flancs d'une troupe chargée de front par les dragons à pied, soit pour se rallier ou se disperser rapidement, ou enfin pour suivre, à pied, dans quelques cas exceptionnels, les mouvements rapides de leur escadron dans une manœuvre.

Ils doivent encore apprendre à sauter en

croupe à toutes les allures, avec le fusil en bandoulière, et à conduire avec leur fouet les chevaux des dragons, lorsque ceux-ci devront combattre à pied.

VII

Dragons. L'instruction militaire des Dragons doit comprendre : l'école du cavalier, celle du fantassin avec quelques modifications, et divers exercices de corps, tels que : l'escrime, la voltige avec armes et bagages, la gymnastique, la course, etc.

Ces exercices qui ont pour objet, ainsi que nous l'avons dit, de développer tous les moyens physiques et de fortifier le moral en augmentant la confiance, doivent en effet donner à l'individu (selon l'heureuse expression du général Foy), « l'adresse d'un Athlète » et l'agilité d'un Centaure. » Et, par une conséquence naturelle, on doit trouver dans une troupe formée de pareils éléments, toute la solidité de la phalange grecque, jointe à une incomparable mobilité dans les manœuvres pédestres.

Si l'on ajoute à tous ces avantages personnels, cette rapidité pour ainsi dire foudroyante, que les dragons peuvent emprunter au besoin à la vitesse de leurs chevaux, on conviendra qu'aucune autre troupe, sous les divers rapports que nous avons examinés, ne peut réunir tout à la fois, au même degré, des moyens de succès aussi puissants pour la guerre.

VIII

Fonctions et *Tactique*. *Vélites*. Les vélites seront portés en croupe, toutes les fois que l'escadron devra se rendre rapidement sur un point éloigné pour y combattre à pied, et les chevaux les plus vigoureux, seront désignés de préférence pour ce genre de service. Dans tous les autres cas, les vélites suivront à pied, les mouvements de l'escadron, et

pourront au besoin concourir avec les chasseurs à pied pour le service de tirailleurs.

IX

L'escadron ayant mis pied à terre pour
combattre à pied, et les chevaux étant atta-
chés l'un à l'autre par groupes de 6 ou 8, un
vélite désigné pour chacune de ces fractions,
et monté sur un cheval du centre, sera spécialement chargé de la conduire si l'on
change de position, et d'y maintenir constamment le bon ordre.

Les vélites restés disponibles au nombre de
12 à 15, seront dispersés en tirailleurs en
avant et sur les flancs, pour couvrir l'escadron et explorer le terrain sur lequel il doit
combattre.

Par ce moyen, qui rend toutes les forces
disponibles pour le combat, en assurant tous
les services, l'escadron pourra se suffire dans

toutes les circonstances, et se présentera toujours intact sur le champ de bataille.

X

Dragons. La tactique des dragons est une conséquence de leur aptitude, de même que celle-ci résulte de la manière dont ils sont constitués, organisés et façonnés par l'éducation. Or, d'après les données que nous avons acquises sur ces divers objets, il est évident que cette arme réunit au plus haut degré, toutes les conditions qu'on peut désirer dans une troupe d'élite et doit d'abord, par cette raison, et surtout à cause de sa solidité, appartenir, en principe, à la réserve d'une armée.

On observera, en second lieu, qu'elle est également propre à combattre à pied et à cheval ; ce qui lui donne une double aptitude pour la guerre ; et, conséquemment, pour

atteindre complétement son but, elle peut et
doit être employée, selon les circonstances :

1° Dans une marche offensive, à l'avant-
garde de l'armée, pour occuper successivement des positions éloignées, en y prévenant
l'ennemi par une marche rapide, ou en l'attaquant pour s'en emparer de vive force,
avec tous les avantages de sa puissante
organisation et la supériorité de sa tactique.

2° Après une défaite, à l'arrière-garde de
l'armée battue, pour protéger sa retraite et
lui permettre de reformer ses colonnes, soit
par une résistance énergique, soit par des
retours offensifs exécutés avec la plus grande
vigueur (c'est particulièrement dans ce cas,
qu'elle pourra profiter de tous les avantages
de sa tactique, en combattant alternativement,
selon l'opportunité des circonstances, à pied
ou à cheval, à l'arme blanche ou par ses
feux).

3° Enfin dans une bataille rangée, au corps
de bataille, pour lui donner plus de consis-

tance ; ou bien à la réserve, pour servir à renforcer une partie faible, et surtout pour déterminer la victoire, en agissant à propos, sur le point décisif, avec tout le poids écrasant de sa masse multipliée par sa vitesse.

XI

Conclusion. L'arme des dragons telle que nous l'avons définie, avec sa robuste constitution comme corps de bataille ; sa solidité dans la défense, sa mobilité et sa puissance d'élan pour le choc, est un élément nouveau qui ne peut avoir son équivalent dans la meilleure infanterie moderne : il faut remonter jusqu'à l'ancienne phalange pour trouver dans une troupe une telle solidité. Encore n'existait-elle dans ce corps qu'au préjudice de sa mobilité. Ce qui était, il faut le dire, une conséquence de cet ordre profond, dont on a reconnu tant de fois tous les graves inconvé-

nients, depuis la double épreuve des cynocé-
phales et de Pydna, si décisive et si funeste
pour la phalange grecque.

XII

Quoi qu'il en soit, s'il est vrai de dire que
sous le rapport de la solidité, seulement,
l'infanterie moderne, si brave d'ailleurs et si
héroïque, ne peut pas rivaliser avec l'ancienne
phalange, nous pensons qu'il faut moins en
attribuer la cause à l'ordre mince de son
ordonnance, qu'à la constitution physique des
individus, qui est sensiblement plus faible ; à
leur éducation militaire qui a nécessairement
changé avec la tactique, et enfin, à la funeste
nécessité qui a fait abandonner les armes
défensives pour acquérir plus de mobilité.

XIII

Or, si l'on observe que nos Dragons réunissent, sous ces différents rapports, les conditions les plus favorables ; qu'ils joignent à tous les avantages résultant de la constitution physique, de l'organisation, de l'éducation, celui de pouvoir faire usage de la cuirasse sans aucune difficulté, puisque leurs chevaux en supportent tout le poids jusqu'au moment où ils mettent pied à terre ; il en résulte que cette arme, par toutes les raisons que nous avons déduites, est la seule qui puisse acquérir peut-être la solidité de la phalange sans nuire aucunement à sa mobilité. C'est-à-dire que les Dragons sont peut-être un moyen unique de réaliser, avec l'ordre mince de la tactique moderne, tous les avantages de l'ordre profond, sans en avoir les inconvénients.

Telle est en résumé la question du dragon,

interprétée dans sa plus large acception, qui est à notre avis la seule véritable et rationnelle ; question féconde par ses résultats, et dont on peut tirer par une intelligente application d'incalculables services.

XIV

Mais, dira-t-on, plus ces résultats paraissent merveilleux et plus la réalisation en est sans doute difficile, si ce n'est même impossible. A cette raison très-logique, nous voudrions qu'il nous fût permis d'opposer un argument bien autrement péremptoire, qui consisterait à répondre *par le langage des faits*, et cela dans un très-bref délai. Les résultats que nous avions obtenus nous permettent de parler avec cette assurance, et nous donnent la conviction inébranlable, qu'on peut toujours en produire de pareils, si ce n'est même de plus importants, par la pratique des mêmes moyens.

XV

Il est possible d'ailleurs que par la force
des circonstances, et sous l'impérieuse loi de
la nécessité, un progrès s'accomplisse bientôt
en ce sens dans toute la cavalerie, et modifie
profondément sa tactique et son rôle (1). Les
changements survenus dans les armes à feu
et notamment dans l'artillerie pendant notre
dernière guerre, en font déjà pressentir
l'impérieux besoin. Nous lisons à ce sujet dans
le bulletin officiel de la bataille de Solférino :

« Mais c'est surtout notre nouvelle artillerie
» qui produisit sur l'ennemi les effets les plus
» terribles. Ses coups allaient l'atteindre à
» des distances d'où les plus gros calibres

(1) Nous rappelons au lecteur, que ceci est écrit
depuis bientôt un an, et qu'à cette époque, il n'était
nullement question de changements, dans le mode
d'instruction ou de tactique de cette arme.

» étaient impuissants à riposter, et jonchaient

» la plaine de cadavres. »

Nous lisons encore dans une autre relation
sur le même sujet :

« L'artillerie a joué un grand rôle dans la

» bataille de Solférino; c'est elle qui a décidé

» le combat et complété la déroute. L'entrée

» en scène des canons rayés a été splendide.

» Une vingtaine d'escadrons de cavalerie

» s'apprêtaient à charger le corps du maré-

» chal Niel. Le général Desvaux voit le

» danger et donne l'ordre d'arrêter cette

» marche. On tire quatre boîtes de quarante

» balles. Ce fut comme un coup de théâtre.

» Cette masse compacte et luisante, qui s'a-

» vançait majestueusement, s'arrête un ins-

» tant. On voit des vides creusés dans leurs

» rangs; puis, dans un clin d'œil, la masse

» s'ouvre, des chevaux sans cavaliers s'é-

» chappent dans la plaine, et la cavalerie

» entière disparaît en désordre au galop. On

» avait tiré à 2,500 mètres. »

XVI

Si tels sont, à pareille distance les effets du canon, il est évident que la cavalerie ne peut plus désormais s'engager dans une plaine découverte, sans s'exposer à être détruite avant même d'avoir pu joindre son ennemi ; et comme néanmoins les terrains plats sont les seuls qui conviennent à ses manœuvres, il s'ensuit que son rôle devient complètement nul, si elle ne modifie promptement sa tactique. Or, nous pensons qu'on ne peut le faire avec plus d'avantage qu'en appliquant à toute cette arme, dans une mesure convenable, la théorie du Dragon. Ce qui est peut-être un moyen unique de pouvoir l'utiliser en toutes circonstances, quelle que soit la configuration du terrain, sans être réduit à la sacrifier en pure perte ; car la faculté de combattre à pied ou à cheval, lui permet de tirer avantage de toutes les positions et d'at-

taquer toujours du fort au faible, en saisissant
à propos, l'instant et le lieu favorables pour
changer subitement de tactique.

XVII

Cette question d'ailleurs, qui embrasse tous
les détails de constitution, d'organisation et de
tactique de la cavalerie, est beaucoup trop
étendue pour figurer *in extenso* dans les
étroites limites de ce cadre, uniquement
réservé à la question spéciale du Dragon.
Nous y reviendrons peut-être dans une autre
occasion. Pour aujourd'hui, nous nous bor-
nons à la soumettre sans la discuter, à l'appréciation des hommes compétents, qui sauront
mieux que nous, s'il y a lieu, résoudre la
difficulté et en tirer d'utiles conséquences.

FIN.

TABLE DES MATIÈRES

LIVRE 1

Théorie du Commandement.

LIVRE II

Attributions du Commandement.

LIVRE III

De l'Éducation.

LIVRE IV

Du Moral.

LIVRE V

De l'officier.

———

ESSAI SUR LES DRAGONS.

FIN DE LA TABLE.

Vannes. — Imp. Gust. De Lamarzelle.